# MEINE REISE ZURÜCK ZU MIR

## Wie du deinen inneren Geist verstehst, Antworten auf tiefsinnige Fragen findest und dein Leben selbstbestimmt und glücklich lebst

SASKIA LORENZ

ISBN – 9798784661906

# Inhaltsverzeichnis

# 1

# Einleitung

Wer bin ich, was will ich, wo will ich hin, wie will ich leben und mit wem will ich leben? Die Fragen, die du in deinem Inneren trägst, kannst nur du beantworten, doch dafür musst du dich auf die Reise machen und dich selber kennenlernen.

Doch um zu erkennen wer du heute bist, musst du erst einmal ein paar Schritte zurückgehen und einen Blick in deine Kindheit und in dein bisheriges Leben werfen, denn all die Dinge, die du bis heute schon erlebt hast, die machen dich aus, haben dich geformt und den Menschen aus dir gemacht, der du heute bist.

Ach, meine Kindheit war super, damit habe ich keine Probleme?! So oder ähnlich fallen die Aussagen aus, wenn man sich mit Menschen unterhält und die Frage stellt, ob sie wohl glauben, dass ihre Kindheit sie geprägt hätte. Doch ich muss dir an dieser Stelle sagen, dass auch wenn du eine wirklich glückliche Kindheit erlebt hast, es dennoch immer zu einer

Prägung kommt und diese Prägung musst du erkennen, deuten und verstehen lernen, denn das ist der Schlüssel zu deiner Seele.

Hören wir damit auf, einfach in den Tag hinein zu leben und beginnen unser eigentliches Leben. Ich helfe dir, dich kennen zu lernen und ein glückliches Leben zu gestalten. Mit Übungen werde ich dir helfen, das Gelernte zu vertiefen und du hast du die Aufgabe, dich einfach darauf einzulassen.

Komm wir gehen leben.

# 2

# Wer bin ich?

Hast du dich schon einmal ernsthaft gefragt wer du bist und welche Eigenschaften dich ausmachen? Als ich vor ein paar Jahren begonnen habe, mich selber kennen zu lernen, da war dies eine der ersten Fragen, die ich mir selber gestellt habe.

Doch nun erst einmal zu dir: Wer bist du? Nimm dir einen Zettel oder tippe deine Gedanken einfach in dein Handy ein. Schreibe Eigenschaften auf, die dich ausmachen, mit denen du dich identifizierst und wofür du stehst.

Wie du sehr schnell feststellen wirst, ist es gar nicht so einfach, viele Dinge über dich selber zu schreiben, wenn du zum ersten Mal ernsthaft darüber nachdenkst, was dich wirklich ausmacht und was mit dir als Person verbunden wird. Nimm dir einfach Zeit, setze dich an einen ruhigen Ort, schließe deine Augen und denke an dich, fühle in dich hinein und stelle dir erneut die Frage: „Wer bin ich?“

Da du wahrscheinlich noch gar nicht weißt, wer du bist, möchte ich dich an dieser Stelle unterstützen, denn das, was dir hier an dieser Stelle helfen kann, sind Eigenschaften, die du direkt mit dir in Verbindung bringst. Hier eine kleine Auswahl, die dir helfen wird, dir ein Stückchen näher zu kommen:

| | | | | | |
|---|---|---|---|---|---|
| glücklich | nachdenklich | lustig | traurig | wählerisch | abenteuerlustig |
| gefühlvoll | empathisch | echt | realistisch | verträumt | freundlich |
| wütend | emotional | stark | | | |

Mache dir keine Gedanken, wenn deine Liste am Anfang so aussieht:

- Ich bin Katja und lache sehr gerne......

Auf keinen Fall solltest du dich unter Druck setzen und mehr verlangen, als gerade möglich ist. Wenn dir nur wenige Eigenschaften einfallen oder du so gar keine Idee hast wer du bist, dann lasse die Zeilen einfach frei, denn ganz gewiss kannst du all diese Fragen am Ende des Buches wie selbstverständlich beantworten.

Ein kleiner Trost: Bevor ich mich auf die Suche zu mir selber gemacht habe, wusste ich weder wer ich bin, noch war mir klar, welche Dinge mir Spaß im Leben bereiten. Ich war einfach nur Teil einer Gesellschaft, der gelernt hat, zu funktionieren. Wie ein Rad in der Gesellschaft folgte ich Tag für Tag dem Pfad, den andere Menschen für mich vorgesehen hatten. Tag ein Tag aus ging ich zur Arbeit, erledigte meinen Haushalt, zog meine Kinder auf und traf meine Freunde. Doch als mir irgendwann die Frage gestellt wurde, was ich gerne in meiner freien Zeit tun würde, da riss ich meine Augen auf und sagte: „Keine Ahnung. Freunde treffen oder den Haushalt machen?!" Ich glaubte die Erfüllung meines Lebens wäre es, meine Aufgaben zu 100% und täglich zu erfüllen.

Doch ganz ehrlich, wir sind nicht auf dieser Welt, um unsere Jobs zu erledigen, Kinder groß zu ziehen oder uns um einen Partner zu kümmern. Wo ist der Raum für uns, für unsere Seele und für unser eigentliches Leben?

Du musst dich also im ersten Schritt frei machen von all den Verantwortungen und von den Erwartungen anderer Menschen, um zu dir selbst zu finden.

Und das gestalten wir so: Als erstes hast du ab heute jeden Tag die Aufgabe, dir fünf Minuten für dich selber zu nehmen. In diesen fünf Minuten brauchst du einen ruhigen Platz und die Sicherheit, dass dich keiner anspricht, stört oder unterbricht. Sollte das zu Hause nicht möglich sein, dann suche dir einen tollen Park oder einen ruhigen Ort an einem schönen See. Nutze die Örtlichkeiten, die dein Umfeld dir bietet. Alternativ kannst du auch einen Zettel aufhängen mit den Worten „Bitte nicht stören" oder mit deiner Familie ein klares Übereinkommen ausmachen. Ferner nutzen viele Menschen für solche Zwecke das Badezimmer, weil dies oft der einzige Ort ist, in dem sie ungestört sein können.

Also suchen dir einen ruhigen Ort oder erschaffe ihn dir, denn ab HEUTE hast du jeden Tag eine 5-minütige Übung vor dir. Idealerweise nimmst du eine Uhr oder dein Handy und lässt dir ansagen, wenn die 5 Minuten vorbei sind.

Tägliche Übung: Du bist an einem ruhigen Ort, setzt dich bequem hin und schließt die Augen. Nun atmest du erst einmal mehrmals tief ein und aus und lässt alle Gedanken, die kommen, einfach vorbeiziehen. Später wird an dieser Stelle der nächste Schritt sein, dass du dir folgende Fragen stellst: „Wer bin ich? Was macht mich aus? Wofür schlägt mein Herz?" Doch zu Anfang solltest du dich einfach damit beschäftigen, dass dein Kopf und deine Gedanken die Leere zulassen, die du benötigst, um später in dein Inneres hören zu können. Lasse alle Gedanken zu, die mit der Fragestellung zu tun haben, doch andere Gedanken über Arbeit, Freunde oder was du noch zu tun hast, schiebe einfach beiseite mit den Worten: „Jetzt nicht!" Fühle in dich hinein und achte auch auf schwache Bilder oder kurze Worte, die in deinen Gedanken auftauchen.

Nach den fünf Minuten, wenn du langsam wieder in den Alltag zurückkommst, schreibst du deine Gedanken und Gefühle auf. Notiere auch Dinge, die dich störend immer wieder aufgesucht habe, denn diese müssen schnell bearbeitet werden.

Durchaus möglich und sogar sehr wahrscheinlich hast du nicht viele nützliche Gedanken fassen können und schon gar keine Bilder sehen können. Richtig, später wirst du sogar in der Lage sein, Bilder vor deinem inneren Auge sehen zu können. Doch wie alles im Leben bedarf es einer gewissen Übung, also bitte nicht gleich die Flinte ins Korn werfen, wenn du nicht das Gefühl hast, einen großen Schritt geschafft zu haben. Bei den ersten Malen dieser Übung ist es schon ein Erfolg, wenn du störende Gedanken ausschließen konntest, die fünf Minuten durchgehalten hast und das Gefühl der Ruhe spüren konntest. Fakt ist: Auf dem Weg zu dir selber wirst du ruhiger und gelassener werden und somit sehr viel mehr Ruhe für dein Umfeld und dich zur Verfügung haben.

Ganz wichtig ist, dass du dir jeden Tag diesen Freiraum schaffst, um fünf Minuten nur für dich da sein zu können, denn gerade die Übung und die Wiederholungen werden dich schneller zum Erfolg führen.

# 3

# Störende Gedanken

Die störenden Gedanken werden immer wieder auftauchen und genau aus diesem Grund solltest du dir dann die Frage stellen, was das für Gedanken sind und warum diese immer wieder auftauchen. Du hast diese Gedanken notiert und kannst nun in Ruhe darüber nachdenken, warum gerade diese Gedanken immer wieder auftauchen.

Um kurz die Hintergründe zu beleuchten, hier einige Fakten: Es ist normal, dass wir Gedanken im Kopf haben und dort unsere Wünsche, Ängsten und auch Träume formulieren. Im normalen Alltag schieben wir diese Gedanken oft weg, weil wir keine Zeit oder auch keine Lust haben, um uns damit zu beschäftigen. Vielen Menschen ist es auch gar nicht bewusst, dass die immer gleichen Gedanken im Unterbewusstsein arbeiten und endlich einmal gehört werden wollen. Nun ist die Zeit gekommen, um uns genau mit diesen Gedanken zu beschäftigen, denn die gehören zu dir, sind Teil deines Lebens und können mit Sicherheit das eine oder andere Problem für dich darstellen.

Nun zu dir und der nächsten Übung: Du hast die störenden Gedanken notiert, auch wenn es vielleicht nur Schlagwörter oder Wortfetzen sind und nun betrachten wir genau diese Worte. Hier einige Beispiele, die vielleicht auch auf dich zutreffen:

| | | | | | | |
|---|---|---|---|---|---|---|
| Angst | Geldsorgen | scheitern | Kinder | der Job | der Partner | Eltern |

Natürlich können es auch positive Gedanken sein, wie zum Beispiel:

| | | | | | |
|---|---|---|---|---|---|
| Freude | Glück | Erfolge | Liebe | Karriere | Zukunft |

Doch egal, ob die Gedanken nun positiv oder auch negativ sind, es sind Gedanken, die immer wieder auftauchen und nun von dir beachtet werden sollten, weil genau diese Gedanken deiner weiteren Entwicklung im Wege stehen. Nimm also den Zettel, auf dem du die Gedanken notiert hast, greife zu einem Stift und schreibe auf, welche Gedanken und Gefühle auftauchen, wenn du das jeweilige Wort betrachtest.

Hier auch wieder ein nützliches Beispiel für dich, mit dem Wort „Angst“:

> Hinterfrage, was die Angst auslöst, welche zusätzlichen Gedanken im direkten Zusammenhang mit dieser Angst stehen. Ist es der Job, deine Gesundheit, Probleme in der Familie oder wo drückt der Schuh? Lasse an dieser Stelle alle Gedanken zu, auch wenn du im ersten Moment glaubst, dass dort kein Zusammenhang ist.

Nun liegen die Gedankenwerke vor dir und du hast es einfacher, einen Zugang zu den versteckten Problemen zu bekommen. Ein Beispiel, wie deine Sammlung nun aussehen könnte: Schlagwort ANGST

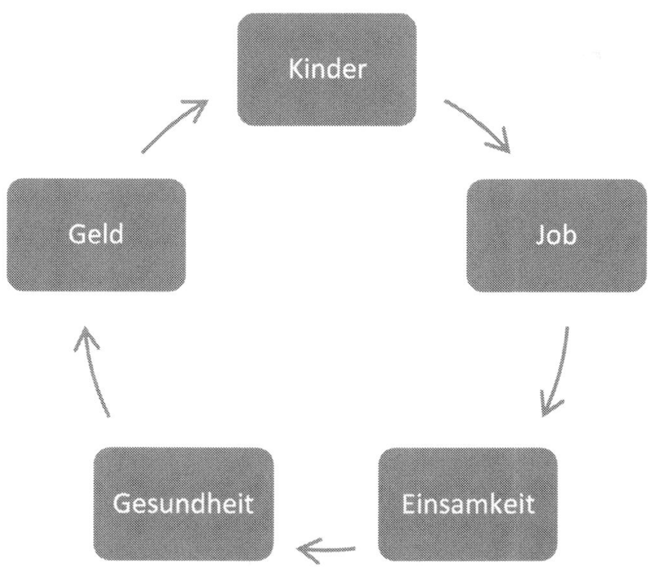

Bei diesem Beispiel geben dir das übergeordnete Wort „Angst“ und die Gedanken, die nun bei der näheren Betrachtung aufgetaucht sind, die Hilfestellung, um die Hintergründe näher zu beleuchten. Natürlich sind es bei dir andere Worte und auch der Überpunkt ist wahrscheinlich ein anderer, aber um das System zu verstehen, ist es egal, welches Wort wir hier zur Analyse einsetzen.

Wichtig bei der Deutung deiner eigenen Schlagwörter ist natürlich, dass diese für dich stimmig sind und sich mit deinen Gefühlen und Gedanken decken.

Beginnen wir nun, die gesammelten Wörter näher zu betrachten. Das Hauptwort, die Angst, die im Vordergrund steht, hat sich mit den Begriffen Geld, Kinder, Job, Gesundheit und Einsamkeit verbunden und nun kommen wir zu den Möglichkeiten, die so eine Sammlung hervorbringen kann.

Die immer wieder hochkommende Angst dieser Person steht in einem Zusammenhang mit Geld, was in der Regel bedeutet, dass weniger Geld vorhanden ist, als das üblich der Fall ist. Aufgrund der Tatsache, dass hier die Gesundheit mit ins Spiel kommt, können wir davon ausgehen, dass gesundheitliche Schwierigkeiten zum Jobverlust geführt haben oder noch führen könnten. Dennoch ist hier offensichtlich, dass Kinder ernährt werden müssen und dass sich dies gerade sehr schwierig gestaltet. Bei der näheren Betrachtung des Wortes Einsamkeit fällt auf, dass diese Person sich gerade sehr allein gelassen fühlt.

Und nun kommen wir zu den Worten, die du für dich als störend empfunden hast und die du nun näher betrachten möchtest. Nimm dir deinen Oberbegriff und schaue dir deine gesammelten Gedanken genauer an. Was fällt dir ein, wenn du die Begriffe nach und nach anschaust und dich hineinversetzt in das Wort oder in das Gefühl? Versuche die Verbindungen zu schaffen, nimm dir Zeit und für den Fall, dass im ersten Anlauf keine weiteren Gedanken oder Gefühle aufkommen, verschiebe diese Aufgabe auf später oder auf einen nächsten Tag.

Ferner solltest du beobachten, ob bei der nächsten täglichen Übung ähnliche und völlig andere Gedanken, Begriffe und Gefühle zu Tage treten. Vergiss nicht, dass du diese tägliche Übung ab heute und jetzt jeden Tag durchführen solltest.

## Warum diese Gedanken und Gefühle?

Auch ein augenscheinlich glücklicher Mensch trägt oft traurige Gedanken in seinem Inneren mit sich herum, die er gar nicht für möglich hält und doch sind wir alle die Kinder unserer Eltern und jeder einzelne von uns ist geprägt durch Kindheit, Erziehung und Erlebnissen. Das beste Beispiel ist die Versagensangst, die selten in der Realität begründet liegt, sondern oftmals den Ursprung in unserer Kindheit genommen hat.

Bevor ich mich auf den Weg zu mir selber gemacht habe, hatte ich oft Versagensängste. Immer wieder glaubte ich, dieses oder jenes nicht zu schaffen, weil ich einfach nicht klug genug sei oder weil andere Dinge dem im Wege stehen würden. Von außen betrachtet gab es für das Gefühl, ständig zu versagen, allerdings keinen Grund, denn mein Leben sah bis dato so aus: Ich hatte meinen Abschluss auf dem zweiten Bildungsweg erfolgreich absolviert, 10 Jahre in derselben Branche gearbeitet und als krönenden Abschluss meinen Wirtschaftsfachwirt IHK bestanden. Jedes Jahr habe ich mich beruflich verändert und immer verbessert und doch war dort ein kleiner Mensch in meinem Inneren, der immer und immer wieder sagt; „Katja, das kannst du nicht“, oder auch: „Das schaffst du niemals!“

Hm, nachdem ich Aufstiegschancen nicht mehr angenommen habe, weil ich schon zuvor von dem Scheitern überzeugt war, nahm ich meine Versagensangst näher unter die Lupe und erforschte, was hier wirklich geschah, wenn ich neue Herausforderungen annehmen wollte.

Ich dachte über mein Leben nach und sah was ich alles geschafft hatte und verstand einfach nicht, wo hier das Problem lag. Also ging ich weiter zurück, nämlich in meine Kindheit. Die von außen betrachtet gar nicht schlecht war und dennoch gab es dort diese Sprüche und Sätze, die mein Leben nachhaltig geprägt haben. Es waren die folgenden Sätze, die mein Leben geprägt und begleitet haben:

- Das kannst du nicht.
- Du bist doch nur ein Mädchen.
- Was soll bloß aus dir werden?

Ich weiß heute, dass meine Mutter keinen dieser Sätze wirklich ernst gemeint hat und dass mein Unterbewusstsein diese aus dem Zusammenhang gerissen und abgespeichert hat, dennoch waren die Gedanken da und meine Versagensangst geboren. Ich bin also aufgewachsen mit den innerlichen Gedanken, dass ich nichts schaffen kann, vor allem, weil ich nur ein Mädchen war. Kein Erfolg würde diese Gedanken löschen können, wenn ich nicht selber für Frieden sorgen würde.

Doch wie sollen wir Dinge ändern, die vor 30 oder 40 Jahren geschehen sind? Wir können doch nicht ungeschehen machen, wie unser Leben unsere Seele geformt hat, oder doch?

In der Tat können wir unsere Vergangenheit nicht ändern und auch nicht zurückkehren und an der passenden Stelle Stopp rufen, um eine schlechte bzw. schwierige Prägung zu verhindern. Aber, und das ist die Lösung vieler unterbewusster Vorgänge: Wir können in den direkten Kontakt mit unserem Unterbewusstsein treten und das eine oder andere geraderücken bzw. verändern.

Übung: Nimm dir also jetzt wieder einmal einen Zettel und einen Stift und sammle die Sprüche deines Lebens, egal ob du diese in der Kindheit oder auch noch später gehört hast. Denn auch immer wiederkehrende Sprüche im Teenageralter oder im Berufsleben haben dich und deine Seele geformt. Ich werde dir an diese Stelle mit weiteren Sätzen helfen, damit du weißt, welche Sätze hier eine Prägung ausmachen können.

- Männer weinen nicht.
- Frauen sind das schwache Geschlecht.
- Du bist zu dick / zu dünn.
- Boah, bist du doof.

Na, sind dir auch einige Sprüche aus deiner Kindheit bzw. deiner Vergangenheit eingefallen? Betrachte nun die von dir gesammelten Werke, vielleicht sind es zwei oder drei Sätze, doch selbst ein einziger Satz kann die Lösung deiner Probleme bedeuten. Um hinter die Gedanken zu schauen, greife ich nun einen der Sätze aus der zweiten Sammlung auf und zeige dir das Problem, bzw. die Prägung.

Betrachten wir den Satz: „Du bist zu dick oder zu dünn!" Hier gibt es noch viele ähnliche Sprüche, Wörter und Sätze, die genau in die gleiche Richtung gehen. Sein Leben lang Dickerchen oder Bohnenstange genannt zu werden, ist mit Sicherheit kein Start für ein gutes Selbstwertgefühl.

Doch was passiert, wenn wir mit den Worten, „du bist zu dick" durch unsere Kindheit gehen? Als erstes muss man hier erwähnen, dass natürlich jeder Mensch bzw. jedes Kind diese Prägung anders verinnerlichen wird und es immer auf das Zusammenspiel der anderen Sätze ankommt und ob eine Wertschätzung auf einem anderen Gebiet hier für ein milderes Ergebnis gesorgt hat.

Gehen wir aber jetzt einmal davon aus, dass du mit dem Gedanken aufgewachsen bist, dass du zu dick oder zu dünn für diese Welt bist, dann wurde dir ganz klar vermittelt, dass du anders und schlechter als andere bist und dass du einen Mangel aufweist. In deinem Inneren und in deiner Seele kommt nun folgendes an: Ich bin nicht gut genug, andere Menschen sind besser und ich genüge nicht.

Woran du später diese Prägung noch erkennen kannst bzw. welche Hinweise darauf hinweisen, dass du mit solchen Sätzen groß geworden bist: Oft sind dies die Erwachsenen, die eine Essstörung entwickeln und nicht wenige landen in der Magersucht oder werden fettleibig. Zugrunde liegt hier neben der Prägung oft ein falsches Bild von Essen. Nicht selten wird Essen als eine Belohnung betrachtet und damit wird das normale Essverhalten überschritten und auch Frustessen wird hier ein regelmäßiges Ritual. Bei anderen Menschen führt es dazu, dass Sie jede Kalorie zählen und eigentlich gar nicht mehr essen möchten, weil sie selbst bei einer XS Figur immer noch glauben, sie seien zu dick.

Hier wird die Prägung aus der Kindheit ganz klar mit einem anhaltenden Verhalten kompensiert, das unbedingt aufgedeckt werden sollte. Greifst du zum Essen, wenn es dir schlecht geht? Hast du Heißhunger auf Süßigkeiten, obwohl du eigentlich nur weinen möchtest? Gerade bei einer Essstörung solltest du schnell hinter die Fassade schauen und ergründen, warum für dich Essen ein Trost ist.

Fassen wir also noch einmal kurz zusammen, bevor wir einen Schritt weiter zur Bearbeitung gehen. Du hast nun also deine störenden Gedanken gesammelt und hoffentlich die Verbindung zu der Entstehung gefunden. Soll heißen, dass du erkannt hast warum die Gedanken immer wieder auftauchen, obwohl du in der Gegenwart augenscheinlich kein Problem hast?!

Übung: Nimm dir nun alle deine Sätze bzw. Sprüche deines Lebens und formuliere diese positiv um:

| Negativ | Positiv |
|---|---|
| Das kannst du nicht. | Du kannst alles schaffen, was du nur schaffen möchtest. |
| Du bist doch nur ein Mädchen. | Natürlich kann das auch ein Mädchen. |
| Was soll aus dir bloß werden? | Ich bin davon überzeugt, dass aus dir ein großartiger und erfolgreicher Mensch wird. |
| Männer weinen nicht. | Auch als Mann solltest du zu deinen Gefühlen stehen. |
| Frauen sind das schwache Geschlecht. | Weiblichkeit ist keine Schwäche, du kannst auch stark sein. |
| Du bist zu dick - Du bist zu dünn. | Du bist gut so wie du bist. |
| Boah, bist du doof. | Ach, beim nächsten Mal machst du es einfach besser. |

Deine nun umgeschriebenen positiven Sätze werden nun für einige Wochen ein wichtiger Begleiter für dich werden. Schreibe deine positiven Sätze auf einen Zettel oder eine Karte und trage diese immer bei dir. Bei jeder nur denkbaren Gelegenheit, wenn du zum Beispiel kurz alleine bist, Pause machst, auf der Toilette bist oder eine andere kleine Auszeit nimmst, greifst du zu dem Zettel bzw. der Karte und liest dir die Sätze ein paar Mal durch. Noch besser ist es, wenn du die Sätze laut lesen kannst, also nutze die Zeiten in denen du alleine und ungestört bist. Das laute Vorlesen hat den Vorteil, dass dein Unterbewusstsein sehr viel schneller die neuen umformulierten Worte aufnehmen und abspeichern wird.

Der zweite wichtige Schritt, den du mit deinen nun gefundenen Sätzen machen solltest, ist eine Reise in die Vergangenheit, um auch dort eine Veränderung vorzunehmen. Bevor die Reise beginnt, sollte dir allerdings bewusst sein wer dir damals die Sätze mit auf den Weg gegeben hat. War es deine Mutter, war es dein Vater oder ein anderer Mensch aus deinem Umfeld? Es ist auf jeden Fall wichtig für die Veränderung, dass dir bewusst ist, wer hier früher mit dir gesprochen hat. Du hast die Sätze nun schon so oft gelesen, dass du diese mit Sicherheit ohne Schwierigkeiten später aufsagen kannst. Sollte dies nicht der Fall sein, dann nimm dir einfach den ersten Satz und lies ihn zuvor noch einmal durch. Wichtig, nimm dir immer nur einen Satz pro Tag vor, damit die Veränderung auch wirklich gelingt.

<u>Die tägliche Übung wird erweitert:</u> Die tägliche Übung, die du nun hoffentlich täglich und schon mehrfach ausgeführt hast, wird nun etwas verändert, bzw. umgestellt. Du nimmst wieder Platz an einem ruhigen Ort, egal ob nun in der Wohnung oder außerhalb, Hauptsache du hast Zeit nur für dich und du wirst von niemandem unterbrochen. Setze dich bequem hin, schließe dann deine Augen und lasse erst einmal wieder alles los, was dir durch deine Gedanken geht. Du fühlst, dass du ruhiger wirst und dass du näher bei dir ankommst und dann gehen wir einen

Schritt weiter. Denke nun an die Person, die dir früher diesen Satz gesagt hat und stelle dir dann deine Mutter, deinen Vater oder eine andere Person vor deinem inneren Auge vor. Ihr steht euch lächelnd gegenüber und nun hörst du deinen Satz, der zum Beispiel so lautet: „Du bist gut so, wie du bist." Kannst du das selige und glückliche Gefühl empfinden, was hier mit diesen Worten ausgelöst wird? Lasse dir die Worte ruhig einige Male sagen und spüre immer wieder das tolle Gefühl, das nun in deinem Inneren entsteht und wächst.

Deine täglichen Übungen werden sich nun an deinen Sätzen orientieren und du wirst jeden Tag einen der Sätze nehmen und ihn mit auf die Reise in die Vergangenheit nehmen. Jeder einzelne Satz sollte einige Wochen wiederholt werden, denn was über Jahre in deinem Inneren aufgebaut wurde, das wird nicht einfach mit einem Satz von dir korrigiert. Nein es sind hier die Wiederholungen, die deine Prägung verändern und korrigieren werden, also nutze diese Chance und führe deine Übungen immer und immer wieder aus. Selbst wenn Wochen und Monate vergehen bis du alle Sätze in deinem Inneren verinnerlicht hast, was hast du zu verlieren? Besser jetzt einige Wochen oder Monate investieren und dafür dein restliches Leben glücklich sein, oder nicht?

## *Kannst du es fühlen?*

Du hast es längst erkannt, dass dieses Buch nicht einfach nur ein Buch ist, sondern eher ein Arbeitsbuch, das für Wochen dein

Begleiter sein wird. Du kannst es nicht einfach lesen und dann wieder in eine Schublade legen, nein du musst an dir arbeiten, wenn du wirklich etwas verändern möchtest.

Wenn du an diesem Punkt hier angekommen bist, dann hast du hoffentlich schon ca. 10 tägliche Übungen durchgeführt und merkst, dass sich etwas verändert. Vielleicht kannst du noch nicht genau sagen, was sich verändert hat, aber du kannst spüren, dass irgendetwas anders ist und genau das sollte auch so sein. Für den Fall, dass du keine Veränderung feststellen kannst und du dich immer noch so fühlst, wie an dem Tag, an dem du dieses Buch aufgeschlagen hast, gebe ich dir einen wichtigen Rat: „Gehe zurück zum Anfang des Buches und starte neu, nimm die Aufgaben bzw. die Übungen ernst und mache diese täglich!" Du willst doch etwas verändern, oder nicht? Ich habe dieses Buch nämlich nicht aus Langeweile geschrieben, sondern weil ich genau weiß, dass meine Worte und meine Übungen dein Leben positiver gestalten können. Also los, du willst doch auch glücklich sein.

Das nur als kleinen Appel am Rande und nun weiter im Thema und der Reise zu dir selbst.

## Warum loslassen zum Leben gehört

Keiner von uns möchte Menschen loslassen, die er liebt und dennoch ist das genau unser Leben, denn leider verlieren wir immer wieder Menschen durch Krankheit, durch Tod oder durch eine Trennung. Ich weiß, auch du hast den einen oder anderen Menschen schon verloren und es gut oder weniger gut verarbeitet. Das Problem am Loslassen ist, dass wir oft nicht wissen, ob wir wirklich schon losgelassen haben. Hast du alle verlorenen Lieben verdaut? Hast du den Tod eines geliebten Menschen wirklich schon verkraftet? Du glaubst, dass dies auf dem Weg zu dir keine Rolle spielt? Leider falsch, denn nichts kann einen Menschen mehr behindern und bremsen als etwas festzuhalten, was lange schon weg ist.

Doch nun müssen wir erst einmal erforschen, ob du noch mit dem Loslassen kämpfst oder ob du schon völlig frei von deiner Vergangenheit an diesem Punkt leben kann. Auch hier gibt es einige Fragen, die dich direkt zur Antwort führen werden:

- Glaubst du noch daran, dass dein Ex-Partner eines Tages zurückkommt?
- Denkst du noch täglich an eine geliebte Person, die nicht mehr dein Leben teilt?
- Sind deine Träume noch von deinen unerfüllten Wünschen gesteuert?

- Bist du manchmal traurig und weißt gar nicht warum?
- Hast du oft das Gefühl auf irgendetwas zu warten und planst deshalb dein Leben nicht?

Nimm dir ein paar Minuten Zeit, höre in dich hinein, denke an vergangene Liebe, denke an Menschen, die du verloren hast und beantworte diese Fragen. Oft sind dies die flüchtigen Gedanken, die wir einfach wegdrücken und nicht weiter darüber nachdenken. Ein flüchtiger Gedanken am Morgen, der das Gesicht deines Ex-Partners zeigt, ein Gefühl, dass die geliebte Person noch da ist. Wir drücken so etwas immer schnell weg, doch besser als wegdrücken ist es, es ein für alle Mal zu bearbeiten und somit einen sauberen Schluss herbeizuführen. Alternativ ist dies allerdings auch die Stelle, an der du einen letzten Schritt unternehmen kannst, falls das noch nicht geschehen ist.

Dazu ein kleiner Tipp: Wenn wir etwas für immer abschließen wollen, dann ist es gut, wenn wir aus unserer Sicht alles probiert haben, um diese Liebe bzw. diese Beziehung zu retten. Darum hier meine Denkansätze:

- ✓ Möchtest du deinen Ex-Partner zurück?
- ✓ Hast du alles versucht und auch das Gespräch gesucht?
- ✓ Gibst du dieser Lieber noch eine Chance?
- ✓ Möchtest du zum letzten Mal einen Brief schreiben, ein Telefonat führen oder ein Treffen zustande bringen?

Wenn du hier die eine oder andere Frage mit JA beantwortet hast, dann solltest du dir nun überlegen, ob die Wiederaufnahme dieser Beziehung sinnvoll ist. War die Beziehung so gut, dass es sich lohnt dafür zu kämpfen? Gab es unüberwindbare Differenzen, die nicht verschwinden werden? Triff erst eine Entscheidung für dich und deine Liebe und lies erst dann das Buch weiter, da es keinen Sinn ergibt, den Versuch zu unternehmen etwas loszulassen, was du eigentlich immer noch willst.

Doch hier die Lösungen, wenn du dich für das Loslassen entschieden hast. Du hast nun viele Wochen oder gar Monate um diese Liebe gekämpft, du hast Gespräche geführt, Briefe geschrieben und immer wieder das Gespräch gesucht, doch dein Gegenüber war zu alldem nicht mehr bereit. Dann solltest du nun mit der Bearbeitung des Loslassens beginnen und somit in ein freies Leben starten. Hier gibt es verschiedene Schritte mit dem Loslassen zu beginnen und ich möchte dir nun einige Wege aufzeigen. Mit welchem Schritt du beginnst hängt in erster Linie davon ab, an welchem Stand der Verarbeitung du nun stehst. Um das genauer zu verstehen, mache ich einen kleinen Ausflug in meine Vergangenheit. Vor einem Jahr habe ich einen Menschen verloren, den ich mehr als mein Leben geliebt habe. Es war das erste Mal, dass ich echte Liebe empfunden habe und auch der erste Mensch, bei dem ich das Gefühl hatte, angekommen und zu Hause zu sein. Trotz der Tatsache, dass diese Beziehung nur wenige Monate gehalten hat, habe ich fast ein Jahr gebraucht, um die Hoffnung aufzugeben und wieder nach vorne zu schauen. Doch dank meiner Herangehensweise wurde es Woche für Woche besser und der Schmerz war schnell schon erträglich. Und genau diesen Weg möchte ich dir aufzeigen und dir verständlich machen, dass keine jemals geliebte Liebe verlorene Zeit ist oder war.

Schritt 1: Die Trennung oder der Verlust sind frisch und du so traurig, dass du einfach nur weinen könntest? Und genau das solltest du in Schritt eins auch machen: Weinen und einfach alles herauslassen, was mit Schmerzen an diese Liebe gebunden ist. Stelle deine Lieblingsmusik an, sorge dafür, dass du nicht gestört wirst, schließe deine Augen und lasse dich in diesen Schmerz fallen. Keine Angst, du wirst den Ausgang wiederfinden. Mir ist bewusst, dass viele Menschen ihren Schmerz nicht zulassen, weil sie Angst vor so viel Gefühl haben. Dennoch musst du genau an dieses Gefühl herankommen, um wieder frei zu werden. Weine und lasse deine Tränen laufen, vielleicht dauert es eine Stunde, vielleicht dauert es einen ganzen Abend, egal, lass den Schmerz heraus. Es kann hilfreich sein, dir den Abschied noch einmal vor Augen zu halten und zwar nicht nur, weil dies die Tränen lockern wird, nein, auch weil du dann besser verstehen wirst, dass es wirklich vorbei ist. Meine Gedanken, die ich mir damals gemacht habe, waren wie folgt:

- Ich habe alles versucht.
- Er möchte einfach nicht mehr.
- Selbst zu einem Gespräch ist er nicht mehr bereit.

- Egal, was ich unternommen habe, ich konnte sein Herz nicht mehr erreichen.

Indem du dir vor Augen hältst, dass du alles versucht hast, findest du einen sauberen Abschluss und kannst dich in deinen Schmerz hineinfallen lassen. Nachdem du viele Stunden oder einen ganzen Abend geweint hast, wirst du feststellen, dass dort ein Gefühl der Leere entstanden ist und du müde und niedergeschlagen bist. Ja, du bist einfach fertig und solltest nun, wenn deine Tränen versiegt sind, einfach nur einem heilenden Schlaf nachgehen. Doch wenn du dich anhaltend traurig und verlassen fühlst, dann greife zuvor zum Telefon und rufe einen geliebten Menschen an, damit du aus diesem Gefühlschaos wieder nach oben kommst. Sprich über Gott und die Welt und finde deine derzeit verlorene Freude wieder.

Für mich ist dieser Schritt der wichtigste Punkt beim Loslassen, weil auf diese Art und Weise eine Reinigung des Körpers angestoßen wird. In der Tat ist das kein Vorgang, den du nur einmal machen kannst, denn immer dann, wenn du wieder so tief traurig bist, dann solltest du dieses Ritual wiederholen. Selbsterklärend ist also, dass du nur dann zu Schritt zwei übergehen kannst, wenn deine Tränen versiegt sind. Klar, während der ganzen Trauerphase musst du immer mal wieder weinen, aber der große Schmerz sollte nun geheilt sein.

<u>Schritt 2:</u> Säubere dein Leben von diesem Ex-Partner, das bedeutet, dass du Erinnerungsstücke, Bilder, E-Mails, Briefe

oder auch Textnachrichten wegpacken bzw. löschen solltest. Nimm dir eine Kiste und packe alle materiellen Gegenstände hinein. Sei nicht gleich so endgültig und schmeiße alles weg, es kann gut sein, dass du in einigen Wochen erneut den Wunsch verspürst dir diese Gegenstände anzuschauen, also solltest du sie erst einmal aufheben. Bilder aus der gemeinsamen Zeit auf dem Handy sind toll, werden dich aber auf kurze oder lange Sicht immer wieder zu Tränen rühren, also überlege dir, ob du einen Ordner anlegst und diese erst einmal verschiebst, das Löschen kommt dann ganz von alleine.

Schritt 3: Schütze dich selber! Ich war der Experte im nicht loslassen und glaube mir, ich habe alles versucht, um diese Liebe zu retten, doch rückblickend betrachtet habe ich mir damit immer und immer wieder Schmerzen und Traurigkeit in mein Leben geholt, daher solltest du dich hier selber schützen, um nicht in diese Falle zu tappen. Lösche alle Rufnummern und schreibe sie dir nicht vorher auf, ja auch diesen Trick kenne ich, lach. Schließe alle Plattformen, auf denen ihr gemeinsam aktiv seid oder baue dir hier ein neues Profil auf, denn deine Freunde wirst du gerade in dieser Zeit brauchen. Alternativ kannst du deinen Ex natürlich auch blockieren, aber dieser letzte Schritt liegt natürlich bei dir. Warum du unbedingt die Telefonnummer, egal, ob Festnetz oder Handy löschen sollst? Ganz einfach: Weil die Zeit der Sehnsucht kommen wird und du dann schnell zum Handy oder zum Telefon greifst und dir wieder neuen Frust abholst, genau davor möchte ich dich schützen.

Schritt 4: Neustart! Starte dein Leben neu, suche dir ein neues, interessantes Hobby, geh oft vor die Tür, notfalls auch alleine und unternimm jeden Tag etwas Tolles. Wichtig ist, dass du die Freude zurück in dein Leben holst und dir bewusst machst, dass du keinen Partner / keine Partnerin brauchst, um dein Leben glücklich zu gestalten. Fakt ist nämlich, dass du so oder so nur dann eine glückliche Beziehung führen wirst, wenn du zuvor bei dir selber angekommen bist. Und bei dir selber bist du nur dann angekommen, wenn du wirklich auch alleine glücklich leben kannst. Womit wir natürlich wieder bei dem bekannten Punkt sind- wer bist du? An dieser Stelle möchte ich dich an dein tägliches Training erinnern, das immer noch zu deinem Leben gehören sollte. Unterlass keinen Schritt, der dich in ein glückliches Leben führen wird.

Es werden Wochen und Monate vergehen, in denen du traurig bist, in denen du immer mal wieder weinen musst, aber all das ist okay und gehört zum Prozess des Loslassens dazu. Mit jedem Schritt, den du nach vorne machst, wirst du feststellen, dass der Schmerz weniger wird und dass immer mehr Freude in dein Leben zurückkehrt. Doch auch die schwarzen Tage werden kommen und gehen und dann ist es wichtig, dass liebe Menschen da sind, mit denen du dich treffen kannst.

Schritt 5: Baue dir ein stabiles soziales Umfeld auf. In der heutigen Zeit ist es nicht schwer ein paar Menschen zu finden, die wirklich und gut in dein Leben passen. Nutze Seiten aus deiner Nachbarschaft oder andere Plattformen, um Gleichgesinnte zu finden oder gründe selbst eine Gruppe und mach dein Hobby oder dein Thema zum Aufhänger. Je mehr Stabilität du dir in deinem Leben schaffst, desto seltener wirst du tief fallen, denn gerade Freunde und Familienmitglieder können dich immer wieder auffangen. Du bist doch eher ein Einzelgänger und lieber alleine als in einer Gruppe oder zu zweit unterwegs? Auch diese Zeiten habe ich erlebt und auch hier kannst du dir neue Wege schaffen. Gehe jeden Tag spazieren, erkunde dein Umfeld, fahre mit dem Rad, anstatt immer ins Auto zu steigen. Das hält dich nicht nur fit, sondern bringt auch deine Laune nach oben. Fang an zu lesen oder mache etwas Verrücktes, was du immer schon einmal machen wolltest.

Schritt 6: Deine Gedanken sind immer noch beim Ex-Partner, du kannst ihn immer noch vor deinem inneren Auge sehen oder sogar ganze Gespräche wiederholen? Trotz der Tatsache, dass du all diese Schritte durchlaufen hast, kannst du immer noch nach dem Ex greifen und er ist dir immer noch so nahe? Keine Panik, das kann passieren und auch ich habe genau diesen Fall erlebt und weiß erstens wie es dir jetzt geht und zweitens was du nun unternehmen kannst.

Übung für das radikale Loslassen: Dieser radikale Schritt muss sein, wenn dir die Trennung immer noch so vorkommt, als wäre diese gerade gestern gewesen oder aber wenn du insgeheim immer noch auf ein Happy End hoffst. So, damit ist nun Schluss. Dein To Do ab heute Nacht: Ab heute wirst du jede Nacht vor dem Einschlafen ein Paket packen. Schließe deine

Augen und nimm dir in Gedanken eine große Kiste. In diese Kiste packst du nun alle Erinnerungen, all deinen Schmerz, alle Gefühle, die an diese Person gekoppelt sind, Gespräche, Gegenstände, gemeinsame Aktivitäten, also alles, was dir im Zusammenhang mit diesem Menschen einfällt. Alles, aber auch wirklich alles, packst du in diesen Karton. Dann nimmst du dir Klebeband und verschnürst das Paket ganz fest. Mit diesem Paket in der Hand steigst du auf einen hohen Berg und wirfst all die gesammelten Werke in diesem Karton einfach in die Tiefe mit den Worten: „Ich lasse alles los!"

Diesen Vorgang musst du so lange wiederholen, bis du das Gefühl deiner eigenen Freiheit wieder oder auch zum ersten Mal spüren kannst.

## Auf dem Weg zu dir – dein Selbstwertgefühl

Du hast dich nun auf den Weg zu dir gemacht und mit Sicherheit hat sich schon viel in deinem Leben verändert. Du machst täglich deine Übungen und hast schon viele Dinge über dich, vielleicht sogar zum ersten Mal, erfahren. Weißt du nun schon etwas mehr über dich? Kannst du nun die Frage „Wer bin ich?“ besser und eindeutiger beantworten?

Übung: An deinem ruhigen Platz sitzend, atmest du ein paar Mal tief ein und aus und lässt alle störenden Gedanken an deinem inneren Auge vorbeiziehen. Nun fühle in dich hinein und stelle dir die Frage, wer du bist, was du fühlst und was willst du als Nächstes erleben?

Nimm dir nach dieser Übung wieder einen Zettel oder tippe deine Erkenntnisse wieder einfach in dein Handy. Betrachte nun die Wörter oder die Sätze und überlege, was sich in den letzten Tagen bzw. Wochen verändert hat. Bist du frei? Bist du glücklich? Hast du neue Ziele? Es hat sich etwas verändert, aber du hast immer noch das Gefühl, dass eine tiefe Last auf dir sitzt?

Wer an dieser Stelle noch festhängt, der hat vielleicht ein tiefsitzendes Problem, welches wir noch finden und bearbeiten müssen. Wir konnten deine augenscheinlichen Probleme bearbeiten, aber tief in deiner Seele hängt noch ein Schmerz, den wir befreien müssen. Oft reden wir an dieser Stelle von einem angeknacksten Selbstwertgefühl. Wann kommt es zu einem instabilen Selbstwertgefühl?

- Nach gescheiterten Beziehungen
- Nach Verlusten, egal, ob nun privat oder beruflich
- Wenn Freundschaften zu Ende gehen
- Wenn die Prägung unserer Eltern immer noch negativ belastend für uns ist
- Durch den Tod eines geliebten Menschen
- Wenn wir einen tierischen Wegbegleiter verlieren
- Oder einfach, wenn wir uns derzeitig selber nicht mögen oder krank sind

Doch auch dein Selbstwertgefühl lässt sich wiederaufbauen, aber auch das bedeutet Arbeit an dir selber und ist nicht an einem Tag erledigt. Also bedenke bitte bei allen Übungen, dass diese mehrfach, idealerweise täglich, durchgeführt werden müssen.

Dafür brauchst du 5 Minuten Zeit alleine im Badezimmer oder vor einem anderen Spiegel. Stell dich nun vor deinen Spiegel und schaue hinein. Gefällt dir was du siehst? Fühlst du dich heute gut? Wahrscheinlich schaust du selten bis gar nicht bewusst in den Spiegel und genau das solltest du ab heute ändern, denn du bist es wert, angeschaut zu werden. Es spielt keine Rolle, ob du groß, klein, dick oder dünn bist, du bist so gut, wie du bist. Es gibt Gründe warum du so aussieht wie du aussieht und alles an dir ist perfekt, du weißt es nur wahrscheinlich nicht. In der Tat ist es für Frauen öfter ein Problem sich selber zu mögen, doch auch Männer mögen sich nicht immer und auch ein Mann kann unter einem schlechten Selbstwertgefühl leiden, also nimm das Buch hier ebenfalls als Chance, auch dies zu verändern. Ein weiser Mensch hat einmal gesagt: Nur wer sich selber liebt, kann auch einen anderen Menschen lieben. Ich spreche nicht von den einzelnen Tagen, an denen wir uns nicht mögen, das passiert uns allen mal, aber es sollte nicht der Normalzustand sein, dass du dich nicht leiden kannst.

Also, du stehst immer noch vor deinem Spiegel, schaust hinein und siehst einen tollen Menschen. Lächle dich einfach mal an und du wirst schon in diesem Moment merken, dass sich deine Stimmung hebt. Trete nun noch einen Schritt näher an den Spiegel heran, schaue dir tief in deine Augen und sage laut und mit Überzeugung: „Ich mag dich!" Betrachte dich und stelle fest, was dir an dir am besten gefällt. Sind es deine Augen? Deine Grübchen, dein Gesicht, dein Lächeln oder deine Haare? Erkunde dich und stelle fest wie toll du bist.

Um dein Selbstwertgefühl sehr viel schneller aufzubauen, kannst du ab heute jeden Gang ins Badezimmer mit einem positiven Satz untermauern. Sprich es laut aus, wenn du alleine bist oder sage es dir einfach im Geiste, wenn du nicht ungestört bist. Nutze die Gelegenheit beim Händewaschen, beim Zähneputzen oder wann immer du an einem Spiegel vorbeigehst. Die schwarzen Tage, die wir alle haben, an denen du dich nicht selber motivieren kannst oder möchtest, die belebst du einfach mit einem Lächeln und schon das wird dir auf dem Weg zu einem positiven Selbstgefühl weiterhelfen.

Schon nach einige Tage der mehrfachen täglichen Übungen wirst du folgendes feststellen: Du bist glücklicher, freier und trägst sehr viel öfter ein Lächeln auf deinem Gesicht.

## *Wir sind alle Wiederholungstäter oder warum Beziehungen immer wieder scheitern*

Oh man, das hatte ich doch schon mal. Mensch, jetzt bin ich doch wieder auf so einen doofen Typen oder auf so eine Frau reingefallen. Ach nein, jetzt habe ich das schon wieder so gemacht. Beim nächsten Mal mache ich es aber besser! Kennst du solche Sätze? Erlebst du auch Wiederholungsschleifen, obwohl du dir so sicher warst, dass das nie wieder passieren wird? Nicht selten machen wir ein und denselben Fehler mehrfach, obwohl wir längst verstanden haben, dass dies für unser Leben eher störend, als bereichernd ist. Doch warum wiederholen wir unsere Fehler?

Wir wiederholen manche Vorgänge und Verhaltensweisen ganz einfach, weil wir es nicht anders kennen, weil wir so groß geworden sind und weil uns dieses Verhaltensmuster eine gewisse Sicherheit geben kann. Doch trotz aller Sicherheiten, die durch die Wiederholungsschleifen aus der Vergangenheit entstehen, machen sie uns nicht glücklich, weil es schlechte

Wiederholungen sind, die wir verstehen, annehmen und ändern müssen. Meine Wiederholungsschleifen schafften es, dass ich zehn Jahre in einer Branche gearbeitet habe, die überhaupt nicht meine Welt war, dennoch folgte ich den Vorstellungen meiner Eltern, die sie mir unterbewusst mit auf den Weg gegeben haben. Worte wie:

- Du musst dir einen sicheren Job suchen.
- Einen Job mit Zukunft.
- Und auf keinen Fall kannst du dein Leben mit kreativen Hirngespinsten finanzieren.

Um dir das Problem näher zu erläutern, mache ich einen kurzen Schwenker in mein eigenes Leben, und zwar bevor ich den Weg zu mir selber gefunden hatte. Früher war ich ein trauriger Mensch, der oft lebensmüde war und sich nie vorstellen konnte, dass das Leben toll sein könnte. Ich suchte immer nach Menschen, die meinem Leben einen Sinn geben würden und fand diese Menschen nie. Ich suchte in anderen Menschen nach einem Gefühl, das in mir selber nie gewachsen war. Ja, ich suchte nach Liebe, nach Bestätigung und vor allem nach einem Halt. Ich wollte glücklich leben und wusste einfach nicht, wie das funktionieren sollte. Unbewusst folgte ich dem Weg, den meine Eltern von mir erwartet haben, ich machte meinen Abschluss und suchte mir einen Job in der Bürowelt. Machte auf Biegen und Brechen in dieser Branche Karriere, einfach weil das erwartet wurde und niemals, weil es mein Weg war.

Ich war auch gar nicht schlecht in meinem Job und es schien alles perfekt zu sein, doch glücklich machte mich weder der Job, noch das verdiente Geld. Nachdem ich einige Monate auf der Suche nach mir selber war, mein Selbstwertgefühl gebessert hatte und mein inneres Kind betrachtet hatte, erlebte ich einen komischen Tag. Wie jeden Tag ging ich zu meiner Arbeitsstelle und nahm am frühen Morgen meine Arbeit auf, ich arbeite so vor mich hin, als eine innere Stimme mehrfach folgende Worte zu mir sagte: „Du bist hier falsch, das ist nicht dein Platz. Du musst hier weg!"

Es vergingen ca. zwei Stunden, in denen ich mich schlecht auf meine Arbeiten konzentrieren konnte, weil eine Stimme in meinem Inneren immer wieder diese Worte wiederholte. „Geh jetzt!" Verwirrt und völlig überfordert ging ich erst einmal eine Pause machen und fühlte in mich hinein. Mit einem Mal war mir klar, dass ich mein Leben verändern musste, denn das hier war nicht mein Leben. Ich hatte das Leben meiner Eltern gelebt und damit musste nun Schluss sein.

Es war schwer einen schnellen Termin bei meinem Chef zu bekommen, aber nach einigen Versuchen saß ich in seinem Büro und hörte mich diese Worte sagen: „Ich muss gehen, hier kann ich nicht länger bleiben!" Ich glaube ich habe meinen Chef noch nie so sprachlos gesehen, ihm fiel dazu gar nichts ein. Zögerlich kamen diese Worte über seine Lippen: „Geh erst einmal heim und überschlafe das alles! Wir brauchen dich hier, was soll dein Team denn ohne dich machen?"

Es war keine einfache Entscheidung, meine sichere Welt zu verlassen, aber ich tat es und ging nie wieder in diese Firma. Aufgrund einer langen Zugehörigkeit bekam ich eine gute Abfindung, die für die nächsten Monate mein Überleben gesichert hat, doch auch ohne dieses Geld wäre ich an diesem Punkt gegangen. Lieber hätte ich für andere Menschen geputzt, als zurück in diese Tretmühle zu gehen.

Die Findungsphase, was ich nun mit meinem Leben machen wollte, begann wieder mit einem Stift und einem Zettel. Ich schrieb Dinge auf, die mir wirklich Spaß machen und wollte schauen, ob man daraus einen Beruf bzw. eine Berufung ableiten konnte. Also schrieb ich Tätigkeiten und Dinge auf, die mein Leben wirklich bereichern könnten.

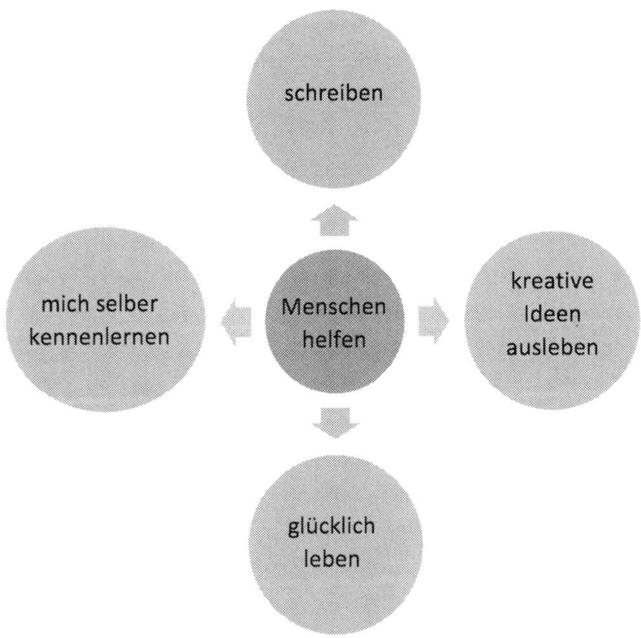

Bei dem Aufschreiben der Dinge musste ich immer wieder alte Gedanken meiner Eltern, wie Sicherheit und Geld verdienen, beiseite schieben. Doch mit etwas Übung konnte ich dann unterscheiden, was ich war und was der Gedankenwelt meiner Eltern entsprungen war.

Für mich war an dieser Stelle klar, dass ich auf jeden Fall schreiben möchte, ich schrieb schon seit meinem 13. Lebensjahr Gedichte und Geschichten und nun startete ich mit einer Selbständigkeit genau in diesem Bereich. Die Worte meiner Eltern, das wäre eine Brotlose-Kunst, habe ich ab diesem Zeitpunkt einfach ignoriert, denn in meinem Leben geht es darum, meine Wünsche zu erfüllen und nicht die meiner Eltern.

Wenn du also auch in Wiederholungsschleifen deines Lebens hängst, dann musst du im ersten Schritt herausfinden, woher diese Wiederholungsschleifen kommen bzw. wo diese ihren Ursprung gefunden haben und erst im nächsten Schritt kannst du dann eine Veränderung hervorrufen.

<u>Beispiele für dich als Hilfestellung:</u>

- Deine Beziehungen scheitern immer am selben Punkt oder zur selben Zeit.
- Beruflich scheiterst du an den gleichen Aufgaben, obwohl du ganz sicher weißt, dass du genau dies beherrschst.

- Du fällst immer wieder auf den gleichen Menschenschlag herein, und zwar in Freundschaften oder in der Berufswelt.
- Situationen bzw. Abläufe haben bei dir immer eine gewisse Ähnlichkeit.

Um hier das Problem zu lichten, wirst du leider etwas Zeit brauchen und vielleicht die eine oder andere Situation noch einmal wiederholen, bis du das eigentliche Problem erkannt hast. Die Wiederholungen in deinem Leben hören erst auf, wenn du genau weißt, aus welchem Grund es immer wieder zu diesen Wiederholungen kommt.

Betrachte also deine persönliche Wiederholung ganz genau und stelle dir folgende Fragen:

| |
|---|
| Welche Ambitionen steckten dahinter, als du dieses Verhalten erneut so gelebt hast? |
| Gibt es Ähnlichkeiten im zeitlichen Ablauf, wenn ja, was verbindest du mit dieser Jahreszahl? Zum Beispiel könnte ein Auslöser darin liegen, als du genau in diesem Alter warst. |
| Scheitert es an einem Kommunikationsproblem oder gehst du einfach weg? |
| Hast du im Laufe der Jahre schon einmal erkannt, dass du dieses Verhalten immer wieder an den Tag legst? |

Tauchen wir noch etwas tiefer in die Materie ein mit einem passenden Beispiel. Nehmen wir an da ist ein Mann im mittleren Alter, nennen wir ihn Tobi, der seine Beziehungen immer nach 5 Jahren beendet und zwar immer, indem er einfach wortlos verschwindet. Nachdem Tobi zum vierten Mal seine Beziehung auf diese Art und Weise beendet hat, fragte er mich um Rat, weil er wusste, dass ich mich genau mit diesen Wiederholungsschleifen schon ausführlich auseinandergesetzt hatte.

Wir gingen in den Dialog und ich stellte ihm folgende Fragen:

| | |
|---|---|
| Warum bist du wortlos gegangen? | Weil reden keinen Sinn mehr hatte. |
| War die Liebe noch vorhanden? | Ja, dennoch musste ich gehen. |
| Kennst du so ein Verhalten aus deinem Leben? | Nein, eigentlich nicht. |
| Was geschah als du selber 5 Jahre alt warst? | Mein Vater hat kommentarlos die Familie verlassen. |

Ding, Ding, ich konnte in Tobis Gesicht erkennen, was gerade geschah, er sah vor seinem inneren Auge die Situation, wie er mit 5 Jahren erleben musste, dass sein Vater wortlos seine Sachen packte und die Familie verließ. Allerdings verstand er nicht, warum er genau dieses Verhalten, das ihn damals so verletzt hatte, wiederholen musste.

Genau hier liegt das große Fragezeichen unserer Wiederholungsschleifen, denn wir wiederholen Dinge, Verhalten und Abläufe nicht, weil wir es so toll fanden, sondern einzig und alleine aus dem Grund, weil das für uns eine gewohnte Situation ist, die uns trotz allem Sicherheit gibt. Auch Situationen, die uns sehr traurig machen, bilden dennoch eine gewisse Gewohnheit und Sicherheit, weil wir genau so aufgewachsen sind und mit der Zeit diesen Vorgang bzw. dieses Verhalten als normal angenommen haben. Für Tobi war es unterbewusst also das Normalste der Welt, dass er nach 5 Jahren Beziehung wortlos seine Sachen packte und ging. An dieser Stelle spielte es für ihn keine Rolle mehr, ob da Liebe war oder nicht, denn er hatte diesen tiefen Drang, gehen zu müssen.

Im Laufe des Gespräches verstand Tobi nun, warum er genau dieses Verhalten immer wieder kopierte und fragte natürlich, wie er nun aus diesem Teufelskreis herauskommen sollte.

Wichtig ist an dieser Stelle, dass Tobi merkt, dass er sich in einer Wiederholungsschleife befindet, denn nur dann kann er anders reagieren, als er das bis zum heutigen Tag getan hat. Sprich also mit deinem Partner und lege die Karten auf den Tisch, erzähle von deinem Erlebnis als du 5 Jahre alt warst und dass du das Gefühl hast, dieses Verhalten als Muster zu kopieren. Als Untermauerung kann Tobi von seinen gescheiterten Beziehungen der letzten Jahre berichten, denn dann wird ganz deutlich was hier geschehen ist. Im nächsten Schritt können nur Reden und Selbstreflexion zum Ziel führen, damit Tobi den innerlichen Drang versteht und diesmal anders damit umgehen kann. Es werden Tränen fließen und es wird mit innerlichem Schmerzen verbunden sein, aber wenn eine Wiederholungsschleife erst einmal durchbrochen wurde, dann ist der Weg zum eigenen Ich wieder ein Stück mehr geschafft.

## Wie du ein wirklich guter Freund sein kannst

Bevor ich an dieser Stelle näher auf das Thema Freundschaft eingehen werde, möchte ich dir noch etwas Wichtiges mitteilen. Es sind nun schon einige Wochen vergangen und du hast hoffentlich mit all den täglichen Übungen deine Seele inspiriert und neu geformt. Du bist nun etwas näher an deinem „eigenen Ich" dran und hast vielleicht schon deine eigene Mitte gefunden.

Im Laufe der Zeit solltest du Veränderungen an dir feststellen, die nicht nur dir, sondern auch deinem Umfeld mit der Zeit auffallen werden. Um dir das zu erläutern, erzähle ich dir, was geschah, als ich angefangen habe, mich selber zu entdecken.

Vor der Reise zu mir selber war ich ein Ja-Sager und tat Dinge, die einfach von mir erwartet wurden, egal, ob diese nun von meiner Familie oder meinen Freunden kamen. Es war einfach so, dass ich gut funktionierte und tat, was erwartet wurde. Für mich war das bis dato kein Problem, weil ich es erstens nicht anders kannte und zweitens weil es mir augenscheinlich damit gut ging. Kurzum, ich lebte das Leben anderer Menschen und wusste nicht, wer ich selber war.

Ein Mitschwimmer zu sein kann ein einfaches Leben sein, weil man sich stets an dem Verhalten und dem Leben anderer Menschen orientiert, man muss sich selber kaum Gedanken machen und folgt einfach dem, was andere erwarten. Doch sobald du den Weg zu dir selber gefunden hast, wirst du mit dieser Lebensart einige Schwierigkeiten bekommen und zwar aus mehreren Gründen.

Wer sich selber gefunden hat, der wird einfach nicht mehr zu allem ja sagen, weil er sich längst eine eigene Meinung gefasst hast und diese nicht immer in das Bild anderer Menschen passt. Du wirst also anfangen, wenn auch zu Beginn etwas schüchtern, NEIN zu sagen. Schon alleine die Tatsache, dass du an manchen Stellen zum ersten Mal das Wort NEIN verwendest, wird deinen Freundeskreis spalten. Einige Menschen werden sich kommentarlos und leise aus deinem Leben entfernen, weil sie dich nicht mehr manipulieren können. Andere Menschen werden laut und mit Diskussionen verschwinden, aber auch diese werden gehen. Am Anfang wirst du es nicht verstehen und dich fragen was hier schiefläuft, wenn einige der angeblichen Freunde plötzlich einfach weg sind. Fragen wie: „Was hat sich verändert?“ oder „Was ist geschehen?“ werden eine Zeit lang deine Begleiter sein und zwar bis zu dem Zeitpunkt, wenn dir das Licht aufgeht und du verstehst, dass du es bist, der sich hier verändert hat und dass es in Zukunft immer mal wieder Menschen geben wird, die eben nicht in dein Leben passen.

Ab diesem Zeitpunkt wirst du ebenfalls feststellen, dass es andere Menschen sind, die du kennenlernst, die dich einfach anlächeln oder mit denen du einfach so ins Gespräch kommst. Du wirst Menschen anders betrachten und auf andere Eigenschaften wert legen. Sympathie und Empathie sind nun in deinem Leben und somit hast du alle anderen Menschen aussortiert. Was dich zum Anfang traurig machen wird, wird mit der Zeit eine Erleichterung und auch eine Bereicherung sein, weil du dich nur noch mit Menschen umgeben wirst, du so ticken, wie du es tust. Vorbei ist also die Zeit, in der du ein Mitschwimmer warst, denn nun bist du einfach zu stark, um dich hinter anderen Menschen zu verstecken.

Bei mir waren es wirklich nur zwei gute Freunde, die am Ende meiner Veränderung noch in meinem Leben waren, aber hey, zwei Freunde sind vollkommend ausreichend, weil du nämlich in Zukunft auch den Wunsch nach eigener Zeit haben wirst. Du bist dabei, dich selber kennenzulernen und das ist das tollste Gefühl dieser Welt, aber es kostet auch Zeit. Du wirst nicht nur neue Menschen kennenlernen, sondern auch neue Hobbys und Aktivitäten in deinem Leben begrüßen können und somit dein Leben sehr bereichern. Es werden Tage oder auch Wochen kommen, in denen es für dich vollkommen ausreichend ist, nur für dich da zu sein und du die Zeit nur mit dir genießen kannst.

**Doch was macht nun einen richtig guten Freund aus?**

Wir alle wissen, was ein guter Freund ist und wir wissen auch, wie wir sein sollten, um für andere Menschen ein guter Freund zu sein, doch leben können wir das nicht immer, aber das ist das Normalste der Welt. An einem sonnigen Tag wirst du immer Begleiter auf deinem Weg haben, doch die richtigen Freunde sind die, die auch im Regen neben dir stehen und den Schirm halten.

Die Kunst einer Freundschaft ist es, auch in schwierigen Zeiten am Ball zu bleiben. Du möchtest, dass deine Freunde in schwierigen Zeiten zu dir stehen und für dich da sind und genau dies musst du als guter Freund auch bereit sein zu geben. Ein Anruf in der Nacht oder ein plötzliches Erscheinen bei dir, weil du der Anker eines anderen Menschen bist, das sollte dir bewusst sein. Hier sollte ein ausgeglichenes Nehmen-und-Geben entstehen, an dem beide profitieren und wachsen können. Ja richtig, an einer guten Freundschaft kannst du wachsen, weil dein Gegenüber immer mal wieder dein Verhalten spiegeln wird und dir damit deine eigenen Fehler offen darlegt.

In einer guten Freundschaft werden beide vom anderen lernen können und sich zusammen entwickeln. Die Entwicklung muss allerdings nicht parallel verlaufen und das ist der Grund warum von Zeit zu Zeit Freundschaften auch noch nach 10 oder 20 Jahren beendet werden. Wir besitzen alle eigene Persönlichkeiten und jeder entwickelt sich auf eine andere Art und Weise und immer mal wieder wird das den Freundeskreis neu aufstellen.

In einer Freundschaft hast aber nicht nur du Erwartungen, sondern auch dein Gegenüber stellt unausgesprochene Erwartungen. Im Idealfall sind diese Erwartungen identisch und man muss sich hier keine großen Gedanken machen. Sobald es aber zu einem Streitthema kommt, sollte man sich den Themen immer stellen und ein offenes Gespräch suchen.

Eine echte Freundschaft hält es aus, wenn du deine Gedanken, Bedenken und Wünsche aussprichst. Auch einen Rückzug, weil du zu irgendeinem Zeitpunkt lieber alleine bist, muss eine echte Freundschaft überstehen können. Leichter ist es allerdings, wenn du diese Auszeit klar und deutlich formulierst, denn dann muss sich dein Gegenüber keine Gedanken machen, ob es vielleicht etwas falsch gemacht hat. Bleibe stets in erster Linie bei dir und schaue, ob du eventuelle Kompromisse auch mit dir und deiner Seele vereinbaren kannst. Nimm dir im Zweifelsfall etwas Zeit, um für dich selber zu einem Punkt zu kommen, und zwar bevor du in ein Gespräch gehst.

### Wann Freundschaften überdacht werden sollten

Freundschaften sind heilig und etwas ganz besonderes, deshalb werfen wir das nicht einfach weg, wenn mal Stress oder Streit aufkommt, doch auf lange Sicht sollte hier mehr Harmonie als Stress zu Hause sein. Auch Menschen, die den eigenen Akku ständig leeren und bei denen man sich nach einem Treffen ausgesaugt fühlt, sollte man lieber meiden als enger an sich binden. Wir kennen sie alle, die Menschen, die nur von sich selber reden und kein echtes Interesse am Gegenüber haben. Die sich selber gerne sprechen hören und eigentlich nie fragen, wie es dir eigentlich geht. Freundschaften sollten überdacht werden, wenn ...

- man das Gefühl hat, ständig nur die 2. Geige zu sein und für das Gegenüber nur so eine Art Notlösung darstellt
- bei einem Treffen kein wirkliches Gespräch mehr entsteht
- das Melden nur noch von der eigenen Seite kommt
- die innere Stimme vor einem Treffen schon sagt: „Ach nö, da möchte ich eigentlich nicht hin!"
- man sich nach einem Treffen abgeschlagen und ausgelaugt fühlt
- die Freundschaft mehr Frust als Freude bereitet
- man sich nicht mehr wertgeschätzt fühlt

Bedenke aber hier an dieser Stelle bitte, dass ich nicht davon spreche, wenn dies das erste Mal oder ab und zu einmal der Fall ist, denn wir haben alle unsere schlechten Tage. Nein, ich reden von Situationen dieser Art, die über Monate so sind und trotz eines Gespräches keine Besserung zu sehen ist. Für mich steht immer außer Frage, dass ich immer das Gespräch suche, bevor ich eine Freundschaft aufgebe.

Fazit: Du bist dann ein guter Freund, wenn du autark und realistisch mit anderen Menschen eine tolle Zeit haben kannst.

## *Wiederholungen der Übungen*

An dieser Stelle möchte ich die Übungen, die du bis zu diesem Zeitpunkt regelmäßig machen solltest kurz noch einmal zusammenfassen, damit auch keine deiner wertvollen Übungen im Laufe der Zeit verloren geht.

**Tägliche Hauptübung:**

Du bist an einem ruhigen Ort, setzt dich bequem hin und schließt die Augen. Nun atmest du erst einmal mehrmals tief ein und aus und lässt alle Gedanken, die kommen, einfach vorbeiziehen. Später wird an dieser Stelle der nächste Schritt sein, dass du dir folgende Fragen stellst: „Wer bin ich? Was macht mich aus? Wofür schlägt mein Herz?" Doch zu Anfang solltest du dich einfach damit beschäftigen, dass dein Kopf und deine Gedanken die Leere zulassen, die du benötigst, um später in dein Inneres hören zu können. Lasse alle Gedanken zu, die mit der Fragestellung zu tun haben, doch andere Gedanken über Arbeit, Freunde oder was du noch zu tun hast, schiebe einfach beiseite mit den Worten: „Jetzt nicht!" Fühle in dich hinein und achte auch auf schwache Bilder oder kurze Worte, die in deinen Gedanken auftauchen.

Übung Prägung: Nimm dir also jetzt wieder einmal einen Zettel und einen Stift und sammle die Sprüche deines Lebens, egal ob du diese in der Kindheit oder auch noch später gehört hast. Denn auch immer wiederkehrende Sprüche im Teenageralter oder im Berufsleben haben dich und deine Seele geformt. Ich werde dir an diese Stelle mit weiteren Sätzen helfen, damit du weißt, welche Sätze hier eine Prägung ausmachen können.

☐ Männer weinen nicht.

☐ Frauen sind das schwache Geschlecht.

☐ Du bist zu dick / zu dünn

Übung- Umwandlung einer negativen Prägung: Nimm dir nun alle deine Sätze bzw. Sprüche deines Lebens und formuliere diese positiv um:

| **Negativ** | **Positiv** |
| --- | --- |
| Das kannst du nicht. | Du kannst alles schaffen, was du nur schaffen möchtest. |
| Du bist doch nur ein Mädchen. | Natürlich kann das auch ein Mädchen. |
| Was soll aus dir bloß werden? | Ich bin davon überzeugt, dass aus dir ein großartiger, erfolgreicher Mensch wird. |
| Männer weinen nicht. | Auch als Mann solltest du zu deinen Gefühlen stehen. |
| Frauen sind das schwache Geschlecht. | Weiblichkeit ist keine Schwäche, du kannst auch stark sein. |

| Negativ | Positiv |
| --- | --- |
| Du bist zu dick. - Du bist zu dünn. | Du bist gut so, wie du bist. |
| Boah bist du doof. | Ach, beim nächsten Mal machst du es einfach besser. |

Übung für das radikale Loslassen: Dieser radikale Schritt muss sein, wenn dir die Trennung immer noch so vorkommt, als wäre diese gerade gestern gewesen oder aber, wenn du insgeheim immer noch auf ein Happy End hoffst. So, damit ist nun Schluss. Dein To Do ab heute Nacht: Ab heute wirst du jede Nacht vor dem Einschlafen ein Paket packen. Schließe deine Augen und nimm dir in Gedanken eine große Kiste. In diese Kiste packst du nun alle Erinnerungen, all deinen Schmerz, alle Gefühle, die an diese Person gekoppelt sind, Gespräche, Gegenstände, gemeinsame Aktivitäten, also alles was dir im Zusammenhang mit diesem Menschen einfällt. Alles, aber auch wirklich alles, packst du in diesen Karton. Dann nimmst du dir Klebeband und verschnürst das Paket ganz fest. Mit diesem Paket in der Hand steigt du auf einen hohen Berg und wirfst all die gesammelten Werke in diesem Karton einfach in die Tiefe mit den Worten: „Ich lasse alles los!"

Für dein Selbstwertgefühl: Also, du stehst immer noch vor deinem Spiegel und schaust hinein und siehst einen tollen Menschen. Lächle dich einfach mal an und du wirst schon in diesem Moment merken, dass sich deine Stimmung hebt. Trete nun noch einen Schritt näher an den Spiegel heran, schaue dir tief in deine Augen und sage laut und mit Überzeugung: „Ich mag dich!“ Betrachte dich und stelle fest, was dir an dir am besten gefällt. Sind es deine Augen? Deine Grübchen, dein Gesicht, dein Lächeln oder deine Haare? Erkunde dich und stelle fest wie toll du bist.

## *Übungen auf dich selber zugeschnitten*

Du konntest bisher schon sehr viel über dich lernen, aber nun hast du immer noch einen Punkt, auf den ich noch nicht näher in meinem Buch eingegangen bin?

Natürlich kann ich nicht genau auf dein Problem eingehen, weil ich dich nicht persönlich kenne, aus diesem Grund möchte ich nun ein paar Situationen aus meiner Vergangenheit aufzeigen und wie ich damit umgegangen bin. Du hast dann erstens die Chance, meiner Vorgehensweise zu folgen oder aber du setzt dein Problem in die jeweilige Variante ein. Wie du das machen kannst, werde ich dir natürlich dann auch bei jedem Beispiel aufzeigen.

Lehne dich entspannt zurück und verfolge meine Reise, die mich zu dem gemacht hat, was ich heute bin.

### Ein schwarzer Tag

Schwarze Tage sind die Tage, an denen du dich selber nicht magst, du dich gerne in dein Schneckenhaus zurückziehen möchtest und nichts hören möchtest. Du bist schlapp, müde und ohne Energie. An dieser Stelle gehe ich natürlich davon aus, dass es sich hier nicht um ein gesundheitliches Problem handelt, denn wenn dem so ist, dann suche bitte ein Arzt auf. Nein, ich rede von dem Tag, an dem du am Morgen erwachst und denkst: „Boah, nein das will ich nicht!“ oder „Mir fehlt einfach die Kraft, um heute aufzustehen!“.

Was du dann auf jeden Fall brauchst ist ein Tag oder einige Stunden nur für dich. Doch in der Tat lässt sich dies nicht direkt umsetzen und so wirst du unter Umständen noch bis zum Abend auf deine Zeit warten müssen. Für eine schnelle Hilfe hier ein kleiner Tipp, der fast immer die Sonne in dein Herz bringt: Schließe deine Augen und denke an einen tollen Tag, an einen Tag, der dir die Freudentränen in die Augen getrieben hat oder du vor Lachen deinen Bauch halten musstest. Hierbei kann es sich um ein Treffen aus der Vergangenheit handeln, ein Kindheitserlebnis, eine Geburt, ein Verliebtsein, einfach alle Situationen, die dich jetzt zum Lachen bringen und dir Freude schenken.

Sobald du diese Situation vor deinem inneren Auge sehen kannst, halte diese fest und lasse dich ganz in dieses Gefühl fallen. Spüre die Freude von damals und hole das Lächeln in die jetzige Zeit. Wie du merkst, dass es funktioniert hat? Sobald du mit einem Lächeln deine Augen öffnest. Glückwunsch, das war deine erste eigene Glücksreise.

Doch die schwarzen Tage zeigen oft an, dass dein Akku fast leer ist und geben dir zu verstehen, dass es Zeit wird deinen Lebens-Akku wieder zu füllen. Wer über dieses Gefühl hinweg geht, erkrankt nicht selten an einem Burn Out, also komm, wir arbeiten an deinem schwarzen Tag, nicht nur für den Moment, sondern für länger.

Am Abend oder am Nachmittag, je nachdem, wann du ein bisschen Zeit hast, überlegst du dir, was dir gerade guttun würde. Hier ein Beispiel, was dir vielleicht guttun würde:

- ○ Triff dich mit einem Freund und lache bis sich die Balken biegen.
- ○ Schaue dir Filme oder Serien an, die dir glückliche Momente beschweren.
- ○ Comedy kann auch helfen, denn Lachen ist gesund.
- ○ Schalte deine Lieblingsmusik ein und genieße eine entspannte Zeit.
- ○ Lies ein Buch, das dich voranbringt oder das dir beim Lesen ein Lächeln ins Gesicht zaubert.

Kurzum, tue Dinge, die dir Spaß bereiten, egal, ob alleine oder mit Freunden. Geh deinem Hobby nach, mache Sport oder gehe einfach spazieren. Es gibt unfassbar viele Dinge, die unsere Akkus wieder aufladen, aber du musst genau das finden, was in dein Leben passt. Probiere es einfach aus. Vielleicht wirst du ein bis zwei Anläufe brauchen, aber was macht das schon? Irgendwann hast du deine Fun-Zeit gefunden und wirst immer selbständig in der Lage sein, deinen Lebens-Akku wieder zu füllen.

## Geliebte Menschen loslassen

In diesem Fall spreche ich nicht von verlorenen Lieben oder gescheiterten Beziehungen, sondern eher von Menschen, die wir durch den Tod verloren haben. Also Menschen, die wir loslassen müssen, obwohl wir diese so sehr lieben. Natürlich wissen wir alle, dass es sich bei so einem Abschied um einen Prozess handelt, der nicht Tage, sondern eher Wochen und Monate dauern wird. Der Schmerz ist da und der geliebte verstorbene Mensch wird leider auch nicht eines Tages wieder vor uns stehen, aber die Liebe in unserem Herzen, die bleibt und die Ansprache mit ihm ist dennoch immer noch möglich. Auch bei dieser Variante ist eines sehr wichtig: Du musst in dich hineinhören und genau überprüfen, was für dich das Richtige ist und was dich voranbringt bzw. dir das Gefühl vermittelt, dass der Schmerz weniger wird.

Variante 1:) Lass den Schmerz heraus. Wenn die Tränen kommen, dann versuche diese nicht zu unterdrücken. Kaum ein Mensch wird hier kein Verständnis dafür aufbringen, wenn du gerade einen geliebten Menschen verloren hast. Die Trauer muss raus, es bringt nichts, stark sein zu wollen. Wenn du lieber alleine weinst, dann ziehe ich dich in solchen Momenten zurück, aber Tränen gehören auf jeden Fall zu einer Trauerbewältigung dazu. Tränen können Wunden heilen und verschließen lassen.

Variante 2:) Nimm das Gespräch auf zu diesem Menschen, den du verloren hast oder schreib ihm einen Brief. Es spielt hier keine Rolle, dass der Mensch für dich augenscheinlich nicht mehr bei dir ist, es ist nur wichtig, dass du deine Gefühle in Worte packst. Gerade, wenn du dich nicht mehr verabschieden konntest, ist dies ein sehr wichtiger Schritt. Als ich damals meine über alles geliebte Oma verloren habe, legte ich ihr einen Abschiedsbrief ins Grab. Doch du kannst den Brief auch nachträglich auf den Friedhof bringen oder an einem schönen Ort begraben. Die Verarbeitung kann auf sehr unterschiedlichen Wegen geschehen. Sprich einfach alles an, was dir auf der Seele liegt, dass du die Person vermisst, dass du so dankbar warst, für die tolle Zeit, die ihr zusammen erleben durftet. Einfach alles, was gerade für dich wichtig ist und was du vielleicht noch sagen möchtest.

Variante 3:) Das Loslassen eines geliebten Menschen. Immer wenn dich die Traurigkeit aufs Neue überkommt, schicke folgende Worte nach oben, auch für den Fall, dass du nicht an Gott glaubst, stell dir einfach vor, dass deine Worte genau da ankommen, wo du sie hinschicken möchtest. Die Worte sind natürlich auch individuell und sollten aus deiner Seele geformt werden. Meine Worte waren wie folgt: „Ich liebe dich, aber ich lasse dich jetzt los. Ich bin dankbar für die tollen Jahre mit dir und ich werde dich nie vergessen."

Variante 4:) Achtung Kitsch-Gefahr und nicht für jeden geeignet und doch hat es mir sehr geholfen. Für mich war das Loslassen meiner Oma ein sehr langer und schmerzlicher Prozess und noch heute nach fast 4 Jahren suche ich von Zeit zu Zeit das Gespräch mit ihr. Auch heute gibt es Tage, an denen ich manchmal im Auto sitze und denke: „Jetzt fahre ich Oma besuchen" und mir dann auffällt, dass ich dies leider nicht mehr machen kann. Da ich aufgrund der Entfernung leider auch nicht oft zum Friedhof fahren konnte, machte ich folgendes: Bei einem meiner ersten Besuche am Grab meiner Oma machte ich Bilder von ihrem Grab und vom Friedhof allgemein. Mit diesen Bildern, einem Engel aus Ton und einer tollen Topfpflanze habe ich in meiner Wohnung einen Ort nur für meine Oma geschaffen. An diesem Ort konnte ich dann immer mit Ihr reden und die Blume stand für eine gewisse Lebendigkeit.

Nun hast du die Qual der Wahl. Überlege einfach, was für dich Sinn ergibt oder probiere alle Varianten durch, bis du deinen Weg des Loslassens eines geliebten Menschen gefunden hast. Und bitte nimm dir Zeit, Trauerarbeit ist nicht nur wichtig, sondern eben auch langwierig.

**Ich kann das nicht**

„Das kann ich nicht und das schaffe ich niemals." Wer kennt sie nicht, diese oder ähnliche Gedanken und ist nicht schon einmal an einem Punkt gewesen, wo er einfach das Gefühl hatte, dass egal, was er anstellt, er dieser Aufgabe einfach nicht gewachsen sei. Punkt 1: Das passiert uns allen von Zeit zu Zeit, gerade dann, wenn neue Herausforderungen in unser Leben treten. Punkt 2: Wir müssen gar nicht alles können und sind durchaus befugt, uns Hilfe zu holen oder einfach mal zu sagen: „Das kann ich nicht“. Und doch gibt es hier einen gravierenden Unterschied, nämlich welche Art des ICH KANN DAS NICHT es gerade ist. Es gibt nämlich die eine Form, an der wir alle mal scheitern, weil es neue Aufgaben sind und wir einfach mehr Übung oder Fachwissen benötigen oder aber wir resignieren und scheitern immer am selben Punkt. Du musst also an dieser Stelle als erstes unterscheiden, ob dies einfach eine neue Aufgabe ist, für die du noch Zeit benötigst oder ob du es schon kennst, an diesem Punkt zu scheitern.

Solltest du also das Gefühl haben, es nicht zu schaffen, weil es einfach neu für dich ist, dann erkundige dich genau wie es geht, hole dir Hilfe oder frage einen Menschen, der es schon kann. Und auf gar keinen Fall ist das ein Problem, welches dir zu schaffen machen sollte, weil kein Mensch alles wissen muss.

Ist es aber ein Problem, ein Hindernis oder eine Herausforderung, vor der du nicht zum ersten Mal stehst, dann schaue unbedingt genauer hin, da es sich hierbei um eine Wiederholungsschleife handelt. Und was haben wir über Wiederholungsschleifen gelernt? Richtig, das ist eine Prägung aus der Kindheit, die wir näher untersuchen, klären und bearbeiten müssen.

Nun heißt es herauszufinden, wer in deiner Kindheit oder in deiner Schulzeit öfter zu dir gesagt hat: „Das schaffst du nicht". Denke zurück und überlege, wann du diese Worte schon einmal gehört hast. War es vielleicht deine Mutter, dein Vater und gar ein Lehrer von dir? Sobald du herausgefunden hast, wer diese Worte früher zu dir gesagt hat, kannst du das mit einer kleinen Übung geraderücken. Als Erstes formulierst du die negativen Gedanken wieder in positive Gedanken. Stell dir die Person von früher vor deinem inneren Auge vor und höre wie sie zu dir sagt: „Du kannst alles schaffen, was du nur schaffen möchtest". Diese Übung solltest du dann öfter wiederholen, damit sich an die Stelle der negativen Prägung nun diese positiven Worte festsetzen können. Damit hast du die Chance, die Wiederholungsschleife zu durchbrechen und bei deiner nächsten Herausforderung wirst du nicht einfach zurückschrecken, sondern die Herausforderung annehmen.

## Achte auf deine Wortwahl

Unsere Worte und unsere Glaubenssätze gelangen ungefiltert in unser Unterbewusstsein. Aus diesem Grund ist es sehr wichtig, dass du genau darauf achtest, welche Worte du in Zukunft verwendest. Hier einige Beispiele:

| Negative Sätze | Auswirkungen |
|---|---|
| Ich habe die Nase so voll. | Führt zu einer verstopften Nase, ohne dass du wirklich Schnupfen hast. |
| Da schwillt mir echt der Hals an. | Du hast oft Halsschmerzen und der Arzt kann keine Entzündung feststellen. |
| Bei dem Gedanken wird mir schlecht. | Übelkeit und Magendrücken sind deine Begleiter, speziell bei Dingen oder Aufgaben, die dir schwerfallen. |
| Boah, geht es mir schlecht. | Wer sich oft vorsagt, dass es ihm schlecht geht, dem geht es auch bald schlecht. |

Was geschieht, wenn wir diese negativen Sätze Tag ein, Tag aus verwenden? Unsere Seele, unsere Psyche, ist sehr leichtgläubig und vor allem glaubt sie dir. Dein Innenleben wird deine Aussagen nicht hinterfragen, sondern genau das auslösen, was du dir selber täglich vorsagst. So etwas nennt man eine selbsterfüllende Prophezeiung. Kurzum, dein Körper setz genau das um, was du ihm immer und immer wieder sagst. Und genau aus diesem Grund solltest du ab jetzt genau darauf achten, welche Worte du ständig und immer wieder einfach so verwendest, egal, ob laut ausgesprochen oder einfach nur gedacht. Starte ab jetzt damit, deine Worte positiv zu wählen. Du stehst also morgens auf und sagst dir als erstes: „Mir geht es super und das wird ein toller Tag!“

## Was machst du nun aus deinem Leben?

Jetzt hast du nicht nur schon sehr viel mehr über dich selber erfahren, sondern wahrscheinlich auch schon festgestellt, dass du sehr viel mehr kannst, als du es bisher für möglich gehalten hast. Du hast neue Seiten an dir kennengelernt, neue Hobbys gefunden, bist auf neue Menschen getroffen und bist sehr viel glücklicher als noch vor einigen Wochen.

Und was möchtest du nun aus deinem veränderten Leben machen? Bist du beruflich an der richtigen Stelle? Ist es ein Job oder schon eine Berufung? Erfüllt dich deine tägliche Aufgabe mit Stolz und macht es dich wirklich glücklich? Gehst du zur Arbeit, um Geld zu verdienen oder hast du wirklich das Gefühl, etwas zu bewegen?

Mein Leitspruch an dieser Stelle lautet: „Ich bin auf dieser Welt, um sie ein Stückchen besser zu machen". Natürlich können wir nicht alle die Welt verändern und doch kann jeder von uns ein Stück dazu beitragen. Aber nun solltest du erst einmal deine Arbeitsstelle etwas näher unter die Lupe nehmen und zwar aus einem wichtigen Grund: Wer eine Vollzeitstelle hat, der verbringt in der Regel mehr Zeit auf seiner Arbeit als in seinem familiären Umfeld und aus diesem Grund solltest du dich dort auch wirklich wohl fühlen. Zwar müssen wir in der Regel alle arbeiten, um unser Geld zu verdienen, aber wer sagt dir, dass du dies auf diese Weise und nicht anders realisieren kannst?

Folgende Fragen an dich selber werden Licht ins Dunkel bringen und dir aufzeigen, wie du selber zu deinem Job stehst:

1. Gehst du gerne zu deiner Arbeit?
2. Fühlst du dich dort angenommen und wertgeschätzt?
3. Träumst du oft von deinem Job und wachst dann schweißgebadet auf?
4. Hast du im Laufe des Tages oft das Gefühl, irgendetwas vergessen oder nicht geschafft zu haben?
5. Schaust du auf der Arbeit immer wieder auf die Uhr und kannst es kaum erwarten, Feierabend zu haben?
6. Hast du vor Arbeitsbeginn Magenschmerzen?
7. Macht dich deine Tätigkeit glücklich?
8. Entspricht deine Entlohnung deinen täglichen Aufgaben?
9. Liegen dir die Tätigkeiten deines Jobs oder würdest du lieber etwas anderes machen?

Nicht immer geht es darum, sich direkt einen neuen Job suchen zu müssen, manchmal ist die Firma die richtige, aber wir sitzen auf der falschen Stellenbeschreibung. Doch all dies wirst du nur beantworten können, wenn du dich ernsthaft mit deinen eigenen Wünschen auseinandersetzt.

Erstelle also ein Diagramm mit den Eigenschaften, die du in deinem Job gerne ausüben würdest und betrachte dann die Gemeinsamkeiten zu deiner derzeitigen Stelle. Es folgt ein Beispiel, welches du natürlich mit deinen Aufgaben füllen musst.

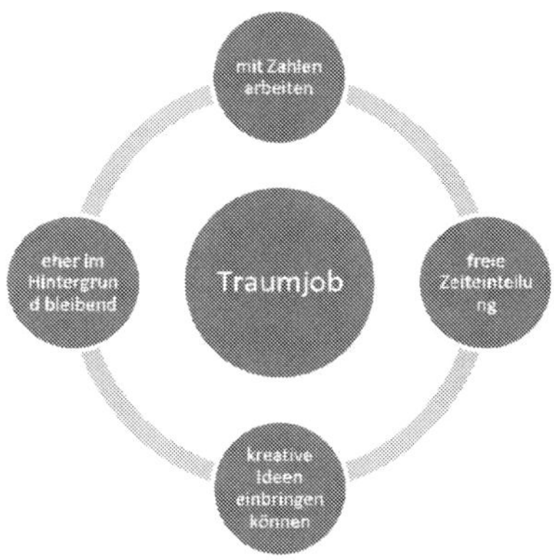


Wenn dein Schaubild so oder so ähnlich aussieht, dann bist du gar nicht so verkehrt auf deiner derzeitigen Arbeitsstelle, wenn dies also ein Ort ist, an dem du dich wohl und wertgeschätzt fühlt, dann könntest du versuchen, deine Arbeitsplatzbeschreibung deinen Wünschen anzupassen bzw. zu schauen, ob es in deiner Firma die Möglichkeiten gibt. Suche einfach das Gespräch mit deinem Chef. Wenn er deine Arbeit schätzt und dich behalten möchte, dann wird es ganz bestimmt einen Weg geben, der für euch beide gut ist. Du wirst nämlich feststellen, dass deine Leistungen sehr viel besser werden, wenn deine Arbeit besser zu deiner Persönlichkeit passt.

Und für den Fall, dass du feststellst, so wie ich es vor vielen Jahren tat, dass du an dieser Stelle absolut fehl am Platz bist, dann nimm dir einfach Zeit und schaue dich nach einer passenden Alternative um. Sich aus einem sicheren Job heraus neu zu bewerben ist einfacher, als von Null wieder zu starten. Hier ist nur entscheidend, wie lange du dort auf der falschen Stelle noch aushalten kannst. Für mich stand das Wohlfühlen seit der Selbstfindung im Vordergrund und ich hätte daher lieber irgendeine Tätigkeit vorübergehend ausgeübt als auf Dauer am falschen Ort zu sein. Für den Übergang habe ich fremde Haushalte gereinigt, anderen Menschen im täglichen Leben geholfen und auch Handtücher auf Akkord gefaltet. Zwar waren dies nicht meine Traumjobs, aber ich fühlte mich immer gut aufgehoben, verdiente genug Geld, um zu überleben und hatte den Freiraum, an meinem eigenen Traum zu arbeiten.

So, nun nach all den Denkanstößen liegt es an dir, dein Leben in die Hand zu nehmen und die für dich passende Veränderung herbeizuführen.

## Es gibt keine Probleme, sondern nur Lösungen

Lerne umzudenken und starte in ein positives Leben, lasse Altlasten und schlechte Gedanken hinter dir und starte in ein fröhliches Leben, das deinen eigenen Vorstellungen entspricht. Halte dich nicht länger an Problemen fest, sondern suche nach Lösungen. Mache meinen Leitspruch zu deinem Wegbegleiter und werden ein Lösungsmensch und kein Problemsucher.

Probleme sind nichts anderes als Herausforderungen, denen du dich stellen solltest. Ganz nach der Devise „geht nicht gibt es nicht mehr".

Im ersten Schritt musst du allerdings lernen, den Unterschied zwischen lösbar und nicht lösbar unterscheiden zu können. Es gibt Herausforderungen, die du mit der richtigen Einstellung lösen kannst, nämlich immer dann, wenn es in deinen Händen liegt und du die Veränderung selber vorantragen kannst. Doch, wenn deine Herausforderung an andere Menschen gekoppelt ist, dann kannst du nicht zwingend etwas daran ändern. Du wirst also das Verhalten anderer Menschen nicht verändern können, aber du kannst dein Verhalten verändern und feststellen, was dein Gegenüber dann damit anfängt. Versuche Erwartungen an andere Menschen klein zu halten, denn nichts kann und wird dich mehr treffen, als Erwartungen, die von anderen Menschen nicht erfüllt werden. Im Prinzip können wir keine Erwartungen an andere Menschen stellen, egal, ob es nun Familienmitglieder oder Freunde sind.

Und doch werden wir uns immer wieder dabei erwischen, dass wir automatisch Erwartungen an andere Menschen stellen, einfach aus dem Grund, weil wir erwarten, dass unser Gegenüber ähnlich wie wir tickt und es somit auch das geben möchte, was wir selber bereit sind zu geben. Doch dieses Gleichgewicht wird nur entstehen, wenn du dich mit den passenden Menschen umgibst. Aus diesem Grund war es so wichtig, dass sich dein Umfeld an dein neues Innenleben anpasst. Denn wer sich wirklich verändert und den Weg zu sich selber findet, der kann gar nicht den gleichen Freundeskreis wie zuvor haben.

Die lösbaren Probleme, die wir ab heute Herausforderungen nennen, werden sich quasi in Luft auflösen, wenn du verinnerlichst, dass du alles schaffen kannst, was du nur schaffen möchtest. Also werden Sätze wie „ich kann das" und „ich schaffe das" in deinen täglichen Wortschatz übergehen und Ausdrücke wie „das kann ich nicht" werden ab jetzt gestrichen.

„Das kann ich nicht" gibt es einfach nicht mehr, denn du wirst alles schaffen, was du schaffen möchtest, es ist immer nur eine Frage des Herangehens.

<u>Betrachten wir ein Beispiel:</u> Du bist alleinstehend und möchtest in deiner Wohnung einige Veränderung vornehmen, also neue Möbel bauen oder ein paar Dinge an der Wand befestigen.

Dafür musst du nun kein Tischler werden oder dir viele neue Geräte zulegen, nein, du musst nur wissen, wo du nach einer passenden Hilfe suchen kannst. Für wenig Geld gibt es immer wieder Menschen, die dich bei deinem Vorhaben unterstützen können. Und sollte das Geld gerade knapp sein, dann bietest du deine Fähigkeiten im Tausch an. Wenn du also gut mit der Nähmaschine umgehen kannst, dann bietest du eben diese Fähigkeiten an.

Lerne deine eigenen Stärken kennen, baue diese aus und für vorhandene Schwächen suchst du einfach Menschen, die genau dort ihre Stärken haben. Somit könnt Ihr gegenseitig eine tolle Hilfe und Unterstützung sein. Das wäre außerdem auch das beste Konzept, wie man Arbeitsplatzbeschreibungen definieren sollte, denn wenn jeder täglich mit seinen Stärken arbeiten könnte, dann wären viele Firmen sehr viel besser aufgestellt. Die Mitarbeiter wären leistungsfähiger, fitter, glücklicher und somit sehr viel weniger krank und welcher Chef würde sich nicht über eine geringer Krankenquote freuen? Und doch ist und bleibt das Augenmerk vieler Chefs auf Leistung im eigentlichen Sinne, so soll jeder Mitarbeiter laut seiner Stellenbeschreibung arbeiten und seine Leistung erbringen, egal, was für ein Mensch er ist. Davon sollten wir uns endlich befreien, denn dann könnten wir alle zusammen so viel mehr erreichen.

# Erfolg ist planbar

Natürlich weiß ich nicht, wie du bisher dein Leben gestaltet hast, aber ich kann dir sagen, dass ich, bevor ich mich auf dem Weg zu mir selber gemacht habe, immer nur in den Tag hineingelebt habe und es keinen Plan gab. Ich wusste nicht wo ich hin wollte und schon gar nicht wusste ich, was ich mit meinem Leben anstellen möchte. Wie schon berichtet folgte ich einfach dem Weg, den andere Menschen für mich als gut erachtet hatten und dachte überhaupt nicht selbständig. Doch wir beide wissen es nun besser, haben erkannt, was Leben bedeuten kann und welche Möglichkeiten wir wirklich haben. Dir steht die Welt offen, was möchtest du nun damit anstellen? Wo möchtest du nächstes Jahr oder in zwei Jahren stehen? Was genau soll sich verändern und was bist du bereit dafür zu tun?

Ob nun beruflich oder privat, mache einen Plan und arbeite dann daran.

Übung: Greife wieder zum Stift und zum Zettel und notiere alles, was du in den nächsten Jahren oder auch in deinem Leben erreichen möchtest. Vielleicht geht dir das alles schnell von der Hand, vielleicht wird es aber auch eine Liste, die mehrere Tage in Bearbeitung bleibt. Das hängt einfach davon ab, wie viele

Gedanken du dir schon über deine eigenen Wünsche gemacht hast. Deine Liste könnte dann so aussehen:

1. In zwei Jahren werde ich den Abschluss als Informatikerin haben.

2. In fünf Jahren werde ich mein eigenes Unternehmen gründen.

3. Ich werde auf den passenden Partner treffen und eine Familie gründen.

4. Einmal in meinem Leben möchte ich einen Bestseller schreiben.

5. Na, wie lautet dein Wunsch bzw. welches Ziel hast du?

Sobald du deine eigene Liste erstellt hast, nimmst du dir einige Briefumschläge und schreibst jedes Ziel auf einen separaten Zettel. Jeder einzelne Zettel wird dann in einen Briefumschlag gesteckt und auf dem Umschlag notierst du den zeitlichen Rahmen.

Doch nun kehren wir erneut zurück zu deiner eigentlichen Liste, denn du musst dir noch genau überlegen, welche Schritte du erledigen musst, bzw. was du für die jeweilige Erfüllung unternehmen musst.

Zu 1.) Kannst du deinen Abschluss nebenberuflich nachholen? Ist der Zeitrahmen realistisch oder muss dieser eventuell an die Realität angepasst werden?

Zu 2.) Wie soll das Unternehmen aussehen, welches du gründen möchtest und sind alle Fähigkeiten und Voraussetzungen durch dich erfüllt oder benötigst du noch Fachleute, um diese Firma aufzubauen?

Zu 3.) Kann ich meinen neuen Partner in meinem Umfeld finden oder muss ich aktiver werden, um diesen Plan realisieren zu können? Eventuell musst du öfter unter Leute gehen oder andere Aktivitäten verstärken.

Zu 4.) Sind deine Fähigkeiten für einen Bestseller ausreichend oder solltest du über eine Weiterbildung in diesem Bereich nachdenken, um wirklich irgendwann auf der Bestseller-Liste zu stehen?

Zu 5.) Nun analysiere bitte nach meinen Vorgaben deine eigenen Wünsche und Ziele.

Mit der Erstellung deiner eigenen Liste, hast du nun einen Plan, sozusagen eine Laufbahn, der du folgen kannst und was sollte dich jetzt noch abhalten können? Richtig, gar nichts.

### *Bilder visualisieren*

Bilder vor seinem inneren Auge zu visualisieren fällt den meisten Menschen sehr schwer und doch wird es dich auf den Weg zu deinen Zielen sehr gut unterstützen können und aus diesem Grund möchte ich nun einige Übungen zur Visualisierung für dich zur Verfügung stellen.

Für das Visualisieren von Bildern ist die Zeit kurz vorm Einschlafen ideal, weil du dann mit diesen Bildern, bzw. mit diesem Film, einschläfst und somit die Gedanken sehr viel länger in deinem Inneren bewahrt bleiben.

Am Anfang sollten es leichte Bilder sein, die du dir gut und schnell vorstellen kannst. Denke also einfach an eine Insel, an einen Strand oder an einen Baum, der lebendig im Wind schaukelt. Hole dir Bilder aus deiner Vergangenheit hervor und lasse diese vor deinem inneren Auge lebendig werden. Gehe am Strand spazieren, springe ins Wasser oder stelle dir deinen Traumpartner vor.

Du hast es nicht geschafft, dass ein Bild von deinem inneren Auge auftaucht oder aber es war nicht das Bild, an das du gedacht hast? Gib dir bitte etwas Zeit. Ich weiß, dass es bei vielen Menschen nicht gleich beim ersten Mal funktioniert, wenn doch sei froh, denn das ist schon eine kleine Begabung.

Ich konnte durchaus direkt Bilder sehen, aber ich habe sehr lange gebraucht, um Filme abspielen zu lassen und genau dies ist auch der nächste Schritt für dich. Und auch hier: Bitte lass dir Zeit. Vielleicht wird es Wochen dauern, bis dein Film vollständig und perfekt ist und vielleicht schläfst du öfter mal ein, bevor der Film zu ende ist, egal, du hast alle Zeit dieser Welt und du wirst es schaffen.

Wie schon gesagt, sind die Filme etwas zeitintensiver und auch schwieriger zu visualisieren, aber du kannst sie langsam zusammenbauen und jeden Tag ein Stückchen hinzufügen.

Ein visueller Film sollte immer an deinem Wunschinhalt orientiert werden. Nehmen wir an, dass du in 5 Jahren dein eigenes Unternehmen gründen möchtest, dann sollte dein Film so aussehen:

- Ich kann mich in 5 Jahren in einem tollen Bürogebäude sehen und meine Mitarbeiter erkennen. Wir halten alle ein Glas Sekt zum Einstand in der Hand und prosten uns zu. Wir sprechen über positive Umsatzzahlen und sind alle sehr glücklich und zufrieden.

Mein erster Film damals war die Visualisierung meines ersten eigenen Schreibtisches in einem guten Unternehmen. Ich hatte ein eigenes Team von ca. 20 Mitarbeitern und wurde sehr wertgeschätzt. Der Film lief zwei Jahre vor meinem inneren Auge ab, bis ich genau dieses Jobangebot bekam.

Der Hintergrund dieser bildlichen Vorstellung deiner Zukunft ist dann perfekt, wenn du den Film ablaufen lässt und dich so fühlst, als wäre das Gewünschte schon eingetroffen. Du stehst ja schon in deiner eigenen Firma und du hast die Mitarbeiter schon und auch den Erfolg kannst du schon fühlen.

Du musst also bei dieser Visualisierung eine Brücke zwischen fühlen und sehen herstellen und daran glauben. Glaube versetzt Berge, also erst ausprobieren und dann kannst du dir ein eigenes Bild machen.

# Zum Abschluss des Buches einige Tipps für dich

Dieses Buch ist keine Einmalware, einmal verwendet wird es dir zwar weiterhelfen, aber regelmäßig verwendet wird es dein Leben nachhaltig verändern können. Also, mach deine Übungen, wann immer es geht und wenn Wochen vergehen und du nichts gemacht hast, dann fang einfach wieder von vorne an. Wer die täglichen Übungen verinnerlicht hat, der kann an seinen neuen und eigenen Aufgaben arbeiten und sich somit immer weiterentwickeln.

Achte aber immer auf Gefühle, die für dich sehr schädlich sind und die unverzüglich bearbeitet werden sollten.

| | | | | |
|---|---|---|---|---|
| Wut | Neid | Traurigkeit | Versagensangst | Lebensmüdigkeit |

Manchmal reicht ein Buch nicht aus, auch dieses nicht, dann musst du dir eingestehen, dass es Zeit ist, sich weitere Hilfe zu suchen. Wer ständig neidisch ist, der hat seine eigenen Ziele nicht erreicht. Welchen Grund solltest du noch haben, neidisch zu sein, wenn du alles hast, was du dir erträumen kannst? Ständig gespürte Wut steht für ein unterdrücktes Gefühl, welches endlich bearbeitet werden sollte. Wut entsteht zum Beispiel dann, wenn du immer wieder das Gespräch vermeidest, obwohl es längst überfällig ist, dass du endlich deine Meinung formulierst.

Du hast bei jedem Gefühl immer wieder die Chance in dich hineinzuhören, sobald du aber das Gefühl hast, irgendwann mal nicht alleine voranzukommen, dann ist es keine Schande, dir einzugestehen, dass du Hilfe benötigst. Du kannst dir hier passende Gesprächskreise suchen und auch einen Therapeuten. Nein, es ist keine Schwäche, wenn man Hilfe annimmt, sondern es zeugt von Stärke, wenn man zugeben kann, dass man Hilfe benötigt. Manchmal braucht man einfach einen Menschen, der einem Dinge spiegeln kann, weil man selber an einem gewissen Punkt festhängt.

Bei mir waren es die Wiederholungsschleifen, die mich irgendwann zum Therapeuten führten, weil ich einfach nicht verstand, warum ich ein und denselben Fehler immer wieder tat. An sich selber zu arbeiten wird nicht nur dich, sondern auch deine Sicht auf die Welt verändern und diese Chance sollest du immer wieder ergreifen.

Sprich aus, was dich bewegt, egal, ob auf der Arbeit, in der Familie oder im Freundeskreis. Trainiere, deine eigene Meinung zu formulieren und mach dich frei von Vorgaben anderer Menschen. Wenn andere Menschen dir ständig verbal auf die Füße treten, dann suche das Gespräch und versuche dein Gefühl anzusprechen. Vielen Menschen fällt es allerdings schon schwer zu erkennen, wenn andere Menschen einen verbal angreifen. Daher musst du dir angewöhnen, immer wieder in dich hinein zu lauschen und aufkommende schlechte Gefühle oder körperliche Reaktionen, wie Magenschmerzen oder Herzrasen, der Situation zu ordnen zu können. Am Anfang wirst du vielleicht Tage brauchen, bis du verstehst, was da schiefgelaufen ist und dann erst das Gespräch suchen können, doch mit der Zeit werden die Abstände bis zur Erkenntnis immer kürzer und so wirst du dann bald schon in der Lage sein, besser auf dich aufpassen zu können.

Dein Umfeld wird sich verändern, ja, aber eines Tages hast du nur noch die Menschen in deinem Umfeld, die auch wirklich gut für dich sind. Menschen, bei denen du sein kannst, wer du wirklich bist, wo du aussprechen kannst, was dich bewegt und die mit dir lachen und weinen können. Menschen, die eine echte Bereicherung für dein Leben sind und die dich wertschätzen können für das, was und wer du bist.

In dem Sinne, wer abends den Kopf in den Sand steckt, darf sich nicht wundern, dass er am Morgen zähneknirschend erwacht. Wenn das Leben dir Zitronen schenkt, dann mach Limonade daraus. Ergreife deine Chancen, erkenne deine Stärken und gehe deinen eigenen Weg. Nimm nicht ungefragt die Meinung anderer Menschen an, sondern lerne zu hinterfragen, ob dies auch dein Standpunkt ist.

Sobald du glücklich bist, werden auch glückliche Menschen in den Leben treten, dein Leben bereichern und in deinem Leben bleiben.

Ich wünsche euch die Kraft, bei euch zu bleiben, eure Wünsche zu erreichen und es zu schaffen ein Lächeln in die Welt hinaus zu tragen. Lächle und dein Gegenüber wird in 99 Prozent der Fälle dieses Lächeln erwidern. Damit wird nicht nur dein Tag schöner, sondern auch dein Gegenüber trägt sein Lächeln weiter.

## Auf in dein neues Leben

In den letzten Wochen war ich dein unsichtbarer Begleiter und dein Leben ist nun ein anderes, doch die Reise zu dir selbst sollte nun nicht enden, sondern in einer ständigen Entwicklung weiter nach vorne gehen. Dafür gibt es weitere Hilfestellungen und auch nützliche Tipps von mir.

Weitere Punkte auf deiner Reise zu dir selber sollten nun beinhalten, dass du dich näher mit deinen Träumen auseinandersetzt, auf deine innere Stimme achtest, lernst deine Wünsche zu formulieren, Ersatzverhalten näher hinterfragst und dir einen Halt für schlechte Tage schaffst.

## Lerne, Träume zu behalten und zu deuten

Wir alle träumen und zwar jede Nacht, doch kaum einer von uns kann ohne Übung am nächsten Morgen seinen Traum vollständig wiedergeben. Unsere Alpträume, die uns nachts aus dem Schlaf holen, ja, an die können wir uns erinnern und manchmal auch an Träume, die wir vielleicht schon zum dritten oder vierten Mal träumen, aber ein normaler Traum verblasst in der Morgensonne.

Doch Träume sind Verarbeitungsprozesse unserer Seele und sollte daher nicht ungehört verblassen, sondern zur Weiterentwicklung genutzt werden. Daher hier ein Weg, wie du lernst, deine Träume zu erfassen, um diese später zu bearbeiten.

Um mit der Arbeit an deinen Träumen beginnen zu können, liegen ab heute immer ein Notizbuch und ein Stift bereit, damit du am Morgen als erstes alles das aufschreiben kannst, was du von deinem Traum behalten hast. Wer einen geregelten Tagesablauf hat und jetzt schon das Gefühl hat, dass dies das vorgegebene Zeitfenster sprengt, der stellt seinen Wecker einfach 15 Minuten früher und schafft sich damit ausreichend Zeit, um seine Träume notieren zu können. Wenn du dann also am Morgen erwachst, dann startest du nicht wie gewohnt in den Tag, oft schon unter Stress, was der Tag wohl alles bereithalten wird, nein, du schließt erneut die Augen und holst die letzten Bilder deines gerade noch geträumten Traumes zurück.

Vielleicht sind es nur einzelne Bilder oder auch das eine oder andere Wort, das dir nun noch einfällt, egal schreibe einfach alles auf, was dir gerade in den Kopf kommt. Die ersten Male kann es durchaus sein, dass du das Gefühl hast, auf keinen Fall geträumt zu haben oder dass du nur Bruchstücke wahrnehmen kannst. Setze dich an dieser Stelle bitte nicht unter Druck, bei mir hat es viele Wochen gedauert, bis ich einen ganzen Traum notieren konnte. Das ist ein Trainingsprozess, denn du holst Gedanken aus deinem Unterbewusstsein in die reale Welt, so einen Vorgang kannst du einfach nicht an einem Tag lernen. Also nimm dir einfach Zeit, was du viele Jahre einfach ignoriert hast, muss erst zu Tage getragen werden. Wichtig ist an dieser Stelle, dass du diese Übung regelmäßig machst, es sollte wie ein Morgenritual, wie der tägliche Kaffee oder der tägliche Tee ab jetzt zu deinem Leben gehören.

Nach einigen Wochen, wenn du dann halbe oder ganze Träume in deinem Notizbuch findest, dann beginnt die Deutung deiner Träume. Einen Traum zu deuten ist ebenfalls ein Prozess und oft ist es deine innere Stimme, die dir beim Lösen dieser Aufgaben helfen kann. Betrachte den Traum oder einzelne Wörter oder Bilder und versuche in diesem Zusammenhang an deine Gefühle zu gelangen.

Was empfindest du, wenn du an den Traum oder einzelne Situationen in diesem Traum denkst? Sind da Freunde, Angst oder ein anderes Gefühl? Sind es oft dieselben Träume oder hast du das Gefühl, ständig und immer etwas anderes zu träumen?

Achte unbedingt auf dein Gefühl, denn dein Gefühl ist die Antwort auf alles. Kannst du deine innere Stimme wahrnehmen, die bei der Betrachtung deines Traumes mit dir reden möchte?

Natürlich konnte ich meine Träume nicht direkt deuten, aber ich wusste, wo und wie ich mir Hilfe holen konnte und genau das kannst du nun auch tun. Es gibt viele Variante hinter deine eigenen Träume zu gelangen.

1. Sprich mit Freunden über deinen Traum und hole dir eine andere Meinung dazu. Oft hilft es schon, nur den Traum laut auszusprechen, denn dann formulierst du deine Gedanken laut.

2. Schau im Internet nach und durchsuch Traumdeutungsseiten. Auch, wenn ich nichts davon halte, weil es oft viel zu allgemein ist, so kann es dir doch helfen, dass du ein ungefähres Gefühl dafür bekommst. Betrachte also, was andere Menschen zu einzelnen Begriffen aus deinem Traum schreiben und fühle in dich hinein, ob irgendetwas davon für dich stimmig ist.

3. Kaufe ein Buch für Traumdeutung, aber nimm nicht jedes Wort so ernst, denn hier sind gesammelte Werke vorhanden, die beim Schreiben nicht dich persönlich kannten. Unsere Träume sind einzigartig und Bücher oder auch Webseiten sollten nur wie Ideen und niemals als Fakten betrachtet werden.

Und gibt es auch Träume, die bei jedem Menschen ein und dieselbe Bedeutung haben, so sind zum Beispiel Fallträume in der Regel immer Träume, die davon berichten, dass du eine neue Entwicklung durchmachst. Was wir oft im Teenageralter fast täglich träumen, wird allerdings mit den Jahren etwas weniger. Kennst du die Träume wo du fällst und kurz vor dem Aufschlagen erwachst? Ich vermute doch mal, dass jeder von uns diese Träume kennt und auch schon bewusst wahrgenommen hat, wenn er erschrocken in der Nacht erwacht, weil er gerade das Gefühl hat, ganz tief zu fallen.

Was du auf jeden Fall gebrauchen kannst, ist Druck den du dir selber auferlegst. Lass dir einfach Zeit und du wirst feststellen, dass nicht nur das Aufschreiben, sondern auch die Deutung deiner Träume immer besser funktionieren wird. Und dann nimm es ernst, was dein Unterbewusstsein dir sagen möchte und arbeite an den einzelnen Punkten, die für dich bedeuten, wieder ein Stückchen näher in deiner eigenen Mitte anzukommen.

## Deine innere Stimme

Mal laut, mal leise, mal wie ein Schatten, der vorbeihuscht, aber immer dabei: Unsere innere Stimme. Wir sind nicht einfach nur ein Körper, nein wir haben eine Seele und eine innere Stimme, die uns helfen möchte und die versucht, uns den richtigen Weg zu zeigen. Unsere innere Stimme sollte wegweisend sein und doch können die meisten Menschen ihre innere Stimme gar nicht erst hören bzw. wahrnehmen. Wer sich nie mit sich selber beschäftigt hat, der wird kaum in der Lage sein, seine innere Stimme von seinen Gedanken trennen zu können.

Als erstes musst du lernen zu unterscheiden, was Gedanken sind und was Gefühl ist. Deine innere Stimme ist eher das Gefühl, welches aus dem Bauch heraus und ziemlich spontan auftaucht und sich selten an Fakten hält, sondern eben nur ein kurzes Gefühl zu dir schickt.

Nehmen wir einmal an, dass du gerade bei einem Vorstellungsgespräch sitzt und nachdem du von dir erzählt hast, beginnt dein eventuell neuer Chef von der Firma, seinen Vorstellungen, deiner Bezahlung und seinen Anforderungen zu berichten. Du folgst dem Gespräch und findest das, was er sagt ganz gut und du könntest dir vorstellen, ein Teil dieser Firma zu werden. Doch zwischendurch, bei dem einen oder anderen Punkt, hörst du die Worte: „Stopp, hinterfragen!“, und du nimmst kurzzeitig dieses Gefühl wahr, verstehst aber nicht, was genau du nun hinterfragen sollst.

Doch auch ein kurzes Wort solltest du ab jetzt nicht einfach ignorieren, denn in aller Regel sind dies Warnungen, die dich vor Fehlern bewahren können. Bei einem Vorstellungsgespräch könnten dies nun Anforderungen sein, denen du nicht wirklich gewachsen bist oder Aufgaben, die bei dir zu einem Magendruck führen, weil du diese einfach nicht gerne ausübst. Hier wird dir nur eines helfen: Bedanke dich erst einmal für das Gespräch und nimm dir dann zu Hause genügend Zeit, um das Gespräch erneut Revue passieren zu lassen. Kehre wieder zu deinem ruhigen Platz und nimm dir die Zeit nur für dich. Schließe deine Augen und lasse das vollständige Gespräch erneut vor deinem inneren Auge ablaufen. Achte nun genau auf die Stelle, an der die Warnung aus deinem Bauch kommt und deine innere Stimme mitsprechen möchte.

Natürlich kannst du dennoch eine andere Entscheidung treffen, aber zumindest hattest du zuvor die Möglichkeit, auch die Bedenken deiner inneren Stimme wahrzunehmen. In der Regel sollten wir lernen, auf unsere innere Stimme zu hören, weil diese uns sehr viel besser kennt, als wir uns selbst. Auch wenn wir diesen Job vielleicht unbedingt haben wollten, sollten wir uns fragen, ob er für unsere Weiterentwicklung förderlich ist oder nicht. Übe niemals einen Job nur wegen des Geldes aus, außer es ist ganz klar eine Übergangslösung, die du benötigst, um ein wichtiges und richtiges Ziel erreichen zu können. Versuche stets bei dir zu bleiben und deinen eigenen Weg zu gehen.

Ein anderes Beispiel aus einem Dating-Alltag und warum gerade hier deine innere Stimme dich vor viel Unheil bewahren kann: Wer sich im Dating-Dschungel befindet und auf fremde Menschen treffen wird, der sollte immer gut auf sich aufpassen und gerade unsere innere Stimme ist hier ein sehr guter Wächter.

Ein kleines Beispiel: Du möchtest dich mit einem fremden Menschen treffen, egal, ob du nur ein Mann oder eine Frau bist, eine gewisse Vorsicht solltest du hier immer walten lassen. Wähle immer einen öffentlichen Ort und nutze die Chance, einem anderen Menschen zu sagen was du vor hast. Doch viel wichtiger ist, in dich hineinzuhorchen und deine innere Stimme wahrzunehmen.

Ich hatte einmal die Situation, dass ich mit einem fremden Mann telefoniert habe und wir dabei waren, unser erstes Date zu planen. Die Stimme war mir sympathisch und das Bild, welches ich gesehen hatte, gefiel mir. Doch während ich mit ihm sprach, sagte eine Stimme in mir „Nein“. Einfach nur nein. Natürlich hatte ich zu diesem Zeitpunkt so gar kein Gefühl für meine innere Stimme und daher bin ich zu diesem Date gegangen. Was sollte auch schon geschehen, wir trafen uns in einem Restaurant und ich würde jederzeit gehen können. Die Adresse unseres Treffpunkts führte mich zwar zu einem Restaurant, aber er stand davor und wollte dort gar nicht hineingehen. Er wollte erst einmal spazieren gehen und auch, wenn ich erneut die innere Stimme in mir wahrnahm, ging ich mit. Der Spaziergang endete dann auf einem Spielplatz, wo er sich auf eine Bank setzen wollte und sobald wir uns hingesetzt hatten, wurde er sehr aufdringlich. Ich wehrte mich, aber ich war schwächer als er. Als ich meine Stimme erhob und „Nein!" schrie, stellte ich mit Erleichterung fest, dass wir nicht alleine auf diesem Spielplatz waren. Zwei Jugendliche kamen zu uns herüber und fragten, ob sie mir helfen könnten. Dankbar nahm ich dieses Angebot an und ließ mich zum Wagen bringen.

Es war ein schrecklicher Moment, als ich mich wehrlos der Situation ausgeliefert sah und eines kannst du mir glauben: Ab diesem Moment habe ich stets auf meine innere Stimme gehört und ein NEIN, auch als ein Nein wahrgenommen und mich dementsprechend verhalten.

Egal, um welches Thema es in deinem Leben also auch gehen mag, höre in dich hinein und lerne zu verstehen, was deine innere Stimme dir sagen möchte. Trainiere es, indem du immer mal wieder die Augen schließt und in dich hineinhörst.

## Wünsche formulieren

Nur, wer seinen Weg auch kennt, wird diesen auch finden und gehen können, daher ist es ganz wichtig, was du denkst, was du fühlst und dass du deinen eigenen Weg kennst.

Wir hatten schon einmal das Thema, dass du nur dein Leben führen kannst, wenn du auch weißt, wer du eigentlich bist. Im nächsten Schritt hast du gelernt, deine eigenen Wünsche zu visualisieren und nun geht es darum, zukünftige Wünsche in dein Leben zu integrieren.

Du bist solo und möchtest dies gerne ändern, allerdings befindest du dich immer wieder in Partnerschaften, die dich überhaupt nicht glücklich machen. Auch hier haben wir gelernt, dass dies oft die Wiederholungsschleifen unserer Kindheit sind bzw. die Prägung unserer Eltern ist. Um dieses Muster nun endgültig zu durchdringen, musst du dir ganz klare Gedanken machen, was du denn nun eigentlich wirklich von deinem neuen Partner erwartest.

Formuliere deine Wünsche nach deinen Bedürfnissen. Meine Beschreibung sah zum Beispiel so aus:

Mein zukünftiger Partner sollte ähnlich ticken wie ich und er sollte Witz, Charme und Humor mitbringen. Unbedingt für die gleichen Dinge brennen und sich somit gerne in der Natur und am Wasser aufhalten. Sich eine Liebe für immer wünschen und eine echte Partnerschaft mit dem späteren Eingehen einer Ehe anstreben. Es sollte also ein Partner sein, der weiß, was echte Liebe und Partnerschaft bedeutet und diese auch leben wollte. Beziehungswillig und beziehungsfähig treffen wir aufeinander und verlieben uns beim ersten Blick in die Augen in den anderen. Für mich spielen das Alter, das Aussehen und auch die Größe nur eine untergeordnete Rolle, aber für mich wird dieser Mensch der tollste Mensch auf dieser Erde sein.

Nun bist du an der Reihe. Geht es bei dir auch um eine neue Liebe oder möchtest du eher auf andere Dinge näher eingehen? Greife erst einmal zum Stift und zum Zettel und schreibe auf, worum es dir geht.

Vielleicht ist gerade Gesundheit bei dir ein großes Thema und du möchtest vordergründig ein besseres Körpergefühl bekommen, dann könnte deine Liste bzw. deine Beschreibung wie folgt aussehen:

Deine Gedanken und deine Worte vorm Einschlafen werden nun wieder etwas länger, aber glaube mir, wenn ich dir sage, dass dies immer der beste Zeitpunkt ist. Solltest du feststellen, dass du oft schon eingeschlafen bist, bevor dein innerliches Gespräch beendet ist, dann musst du es einfach in mehrere Schritte unterteilen und auf verschiedene Tage schieben. Greife einfach als erstes immer zu den Gedanken und Beschreibungen, die sehr akut sind. Geht es dir also körperlich schlecht und dir ist klar, dass dies nichts Organisches ist, dann starte mit deinen Gedanken an deinen Körper und schließe weitere Wünsche hinten an. Auch bei einem Mittagsschlaf kannst du diese positive Methode jederzeit anwenden.

Nun aber zu den Gedanken bzw. zu der Ansprache an deinen Körper und wie diese aussehen könnte. Beziehe dich hierbei stets auf dein körperliches Problem.

- Ich bin kerngesund, mein Kopf, mein Kiefer, meine Zähne, mein Hals, meine Ohren, mein Nacken, mein Bauch, mein Herz, meine Lunge, meine Gelenke, meine Muskeln und alles an mir arbeiten einwandfrei und erfreuen sich bester Gesundheit.
- Den Schmerz, der gerade in meinem Bauch wohnt, lasse ich los, ich fühle mich frei. Atme dann mehrmals tief ein und aus. Atme in die Stelle deines Körpers, die schmerzt. Lege zum Beispiel deine Hand auf den Bauch und atme mehrmals tief gegen deine Hand und lasse dann alles los.

Auf diese Art und Weise kannst du viele Verspannungen in deinem Körper selber lösen. Gerade Kummer und Traurigkeit setzen sich gerne am Bauch oder am Rippenbogen fest und führen dort zu langfristigen Verspannungen. Natürlich lautet hier auch die Devise herauszufinden, welcher Kummer und welche Traurigkeit sich dort verstecken, denn eine Bearbeitung dieses Knotenpunktes ist auf lange Sicht sehr viel besser, als immer und immer wieder die Schmerzen und Verkrampfungen zu bekämpfen.

Geübte Menschen schaffen es sogar, ihren Puls auf diese Art und Weise zu senken. Ist es nicht toll, was du alles über dich selber lernst? Ich bin davon überzeugt, dass wir alle eine Art Selbstheilungsgabe besitzen. Die Frage ist nur, ob wir es schaffen, diese zu aktivieren und welche Probleme uns den Weg dahin versperren.

Das, was du dir vorstellen kannst, das kann auch eintreffen, also solltest du die Aufgabe, dich weiterzuentwickeln auch in Zukunft ernst nehmen und dich somit jeden Tag noch ein bisschen besser kennenlernen.

## *Denke immer positiv von dir selbst*

Du bist, was du denkst, vergiss das nie. Wer positiv über sich denkt, der wird genau diese positiven Gedanken auch in seinem Leben verwirklichen, dies ausstrahlen und positive Menschen anziehen.

Mit der Zeit wirst du festgestellt haben, dass sich dein Freundeskreis an dein neues ICH angepasst hat und dass du andere oder auch einfach nur weniger Freunde in deinem Leben hast. Ferner wirst du aber auch feststellen, dass du mehr Zeit für dich selber benötigst, denn gerade, wenn du dich früher gar nicht gesehen hast, wird es sehr viel Zeit in Anspruch nehmen, dich zu finden.

Nimm dir die Zeit, denn nichts wird sich mehr lohnen, als die Reise zu dir selbst. Ferner solltest du erst genau wissen, wer du bist, bevor du zum Beispiel eine neue Partnerschaft beginnst oder du deinen derzeitigen Job kündigst. Auch eine laufende Beziehung solltest du während dieses Prozesses nicht einfach aufgeben, sprich an, was in dir vorgeht und nimm dir die Zeit, bevor du Entscheidungen triffst, die dein ganzes Leben verändern können.

Negative Gedanken werden auch negative Auswirkungen auf dein Leben haben. Wenn negative Gedanken immer wieder auftauchen und du diese nicht unterbrichst bzw. positiv umformulierst, dann wird dies auch eines Tages eintreffen. Warum ist das so? Deine Seele, dein eigenes Ich, glaubt dir, wenn du zum Beispiel immer wieder sagst: „Ich bin pleite, ich kann meine Miete und meine Rechnungen nicht bezahlen!" Dann wird sich dein inneres Ich daran machen, diese Dinge real werden zu lassen. Somit wird hier die Lenkung deines Lebens darauf ausgerichtet, dass du arm und mittellos bist. Nicht, weil das so toll ist, sondern weil du selber davon so sehr überzeugt bist, dass dein eigenes Ich gar nicht anders handeln kann.

Es ist also mehr als wichtig, auf seine eigenen Gedanken zu achten und diese immer positiv zu formulieren. Du denkst also ab jetzt immer: „Ich bin reich und mir wird immer etwas einfallen“, um wieder zu Geld zu kommen. Somit werde ich immer und zu jeder Zeit alle meine Rechnungen begleichen können. Dazu werde ich vielleicht den einen oder anderen neuen Weg beschreiten müssen, aber da ich ab jetzt immer auf meine innere Stimme hören werden, wird es mir leichtfallen, auch neue Weg zu gehen.

## Wann greife ich zu einem Ersatzmittel?

Ersatzmittel sind Hilfsmittel, die wir uns erschaffen, wenn wir das dafürstehende Gefühl nicht bekommen können oder aber wir nicht verstehen, was unser Körper uns wirklich sagen möchte.

So individuell wie es jeder Mensch ist, so individuell sind auch unsere Ersatzmittel, die wir uns suchen, um ein Gefühl zu befriedigen. Und die folgenden Dinge bzw. Aktivitäten können Ersatzmittel darstellen:

- übermäßiges Essen, Frustessen oder häufiges und ständiges Essen von Süßigkeiten
- übertriebener Sport
- Drogen
- Kaffee
- Zigaretten
- Alkohol

Vielleicht fällt dir nun an dieser Stelle auf, was du öfter als normal tust oder welche Eigenschaften du in den letzten Jahren angenommen hast. Bei mir waren es gleich mehrere Dinge, die ich als Ersatz für ein tiefes fehlendes Gefühl einsetze. Ich aß zu viel und griff ständig zu Süßigkeiten, ohne Kaffee ging gar nichts und meine Zigaretten wollte ich mir auch nicht wegdenken. Na, hast du dein Ersatzmittel schon gefunden? Schreib alles auf, was für dich in dieser Kategorie in Frage kommen könnte.

Warum habe ich so viele Jahre zu viel gegessen und damit einen Ersatz geschaffen, den so viele Menschen mit mir teilen? Essen ist lebenserhaltend, die Frage ist nur, was, wann und in welchen Mengen wir essen. Ich habe mit dem Essen das tiefe Gefühl meiner eigenen Einsamkeit wegessen wollen und dieses Gefühl während und nach dem Essen auch für eine kurze Zeit gestillt und genau aus diesem Grund immer und immer wieder zum Essen gegriffen. Mir war auch gar nicht bewusst, dass ich zu viel aß oder warum ich es tat, ich machte es einfach. Irgendwann jenseits der 90 Kilo war mir klar, dass sich auch hier etwas ändern musste, doch bevor ich mein Essen umstellte, wollte ich verstehen, warum ich so vermehrt zum Essen griff.

Ich habe also ein Essenstagebuch geführt und alles notiert, was ich Tag für Tag zu mir nahm und ebenfalls neben dem Gegessenen meine zu dem Zeitpunkt bestehende Stimmung notiert. Schnell stellte ich fest, dass Süßigkeiten eng mit dem Gefühl von Traurigkeit zusammenhingen und dass es dort immer einen Auslöser gab, der mich direkt zum Essen von Süßigkeiten animierte. Es gab Tage, da hatte ich das Gefühl, egal, was ich auch essen würde, die Leere in meinem Bauch sei einfach nicht zu füllen. Egal, wieviel ich auch aß, es stellte sich einfach kein Sättigungsgefühl ein.

So leid es mir auch tut, kein Essen dieser Welt wird auf diese Art und Weise dein Gefühl reparieren. Du musst also mehrere Wege gehen. Als erstes schau genau hin, welches Gefühl es bei dir ist. Ist es Einsamkeit, wie bei mir, weil deine Kindheit einige Mankos in deinem Leben verursacht hat? Dann ist es an dir, dieses Verhalten von früher umzukehren. Kindern, die sich in ihrer Kindheit einsam fühlen, fehlt in der Regel das sogenannte Ursprungsvertrauen. Wie ein Fass, welches nie gefüllt werden kann, so ist deine Seele, bis du lernst, dass du dir vollkommen genug bist. Also gehe Schritt zwei und stelle dir positive Situationen in deiner Kindheit vor, die dir ein wohliges Gefühl vermitteln:

- Eine Mutter / ein Vater, der dich liebevoll in den Arm nimmt.
- Ein Mensch, der immer da ist, wenn du dich einsam und verlassen fühlst.
- Sage dir selber Worte wie: „Ich bin immer bei dir."
- Oder auch: „Du bist nicht allein."

Doch für den Übergang, bis du die negativen Erfahrungen durch positive ersetzt hast, schaue genau hin, was du isst und wann du welches Bedürfnis befriedigst. Gewöhne dir regelmäßige Essenszeiten an, iss gesunde Dinge und ersetze Süßigkeiten durch Obst. In einem gesunden Körper wird auch eine gesunde Seele wohnen, wenn du den Einklang zwischen Körper und Seele beibehältst.

Mir hat es geholfen, zu Anfang einfach keine Süßigkeiten und Kekse mehr zu kaufen, denn das, was ich nicht zu Hause habe, das kann ich auch nicht essen. Doch wenn es nicht ausreicht, dass du Süßigkeiten durch Obst ersetzt, dann musst du dir ein zusätzliches Ventil suchen. Das bedeutet, dass du neue Aktivitäten für die Leere schaffen musst. Du hast gegessen, aber immer noch das Gefühl, dass du so ein großes Loch im Bauch hast, dass du immer noch weiter essen könntest? Dann trinke einen warmen Tee oder gehe eine Runde um den Block. An dieser Stelle musst du unbedingt eine Ablenkung schaffen, um von dem Gedanken des Essens wegzukommen.

Bei mir war das ein langer Weg und es hat wirklich Monate gedauert, bis ich überhaupt erkannt habe, dass ich mit dem Essen ein Gefühl stillen möchte. Dank mir kannst du die vielen Monate überspringen und weißt nun, worauf die achten musst. Jeder von uns weiß ganz genau, was ein normales Essverhalten ist und sobald du über die Grenze des Normalen gehst, schau einfach hin und hinterfrage.

Und so ist es eben mit jedem Ersatzmittel, welches du in dein Leben geholt hast. Es ist entstanden, um deiner Seele etwas zu geben, was diese auf normale Art und Weise nicht bekommen hat. Nun ist es an dir, dich an dieses Gefühl zu erinnern und dich alleine vollständig zu fühlen. Bedenke bitte an dieser Stelle, dass es der falsche Weg ist, dir einen Menschen zu suchen, der dieses Gefühl in dir befriedigt, denn damit machst du dich abhängig von einem anderen Menschen. Der optimale Weg ist immer, wenn du alles, was du brauchst, in dir selber finden kannst.

Ja, du hast recht, es steckt sehr viel Arbeit in dieser Reise zu dir selber, doch es lohnt sich und jeder kleine Schritt, den du geschafft hast, wird dir ein neues Lebensgefühl schenken und dann weißt du ganz genau wofür sich diese Arbeit gelohnt hat.

So, hast du nun herausgefunden, ob und wenn ja, welche Ersatzmittel in deinem Leben eine Rolle spielen? Noch nicht? Das ist nicht schlimm, achte einfach besser auf dich und dein Verhalten, dann wird es dir schon bald wie Schuppen von den Augen fallen und dann wirst du wissen, ob und wenn ja welcher Ersatz in deinem Leben eine Rolle spielt.

## *Einen stabilen Halt schaffen*

Nun möchte ich aber noch, dass du dir Sicherheit und Stabilität schaffst, um nicht nur schwarze Tage, sondern auch schlimmere Zeiten gut zu überstehen. Egal, wie fit wir sind und egal, wie viel wir auch schon über uns gelernt habe, es wird immer Situationen geben, die uns aus der Bahn werfen und dann ist nur die Frage, wie du damit umgehen wirst. Du weißt nun schon, wie du dich an einem schwarzen Tag verhalten kannst und hast diese Übung mit Sicherheit schon einige Mal ausgeführt und doch gibt es noch andere Anker, die du dir zu Sicherheit schaffen kannst.

Als erstes ist es natürlich immer toll, wenn du zum Telefon greifen kannst und einen lieben Menschen anrufen kannst. Vielleicht kannst du auch ein spontanes Treffen vereinbaren, um direkt alles, was dir auf der Seele sitzt, ansprechen zu können. Allerdings gibt es auch Tage und Situationen, bei denen du alles lieber mit dir selber ausmachst und bewusst keinen anderen Menschen mit in diese Situation ziehst und dann brauchst du etwas, was dann dein Lächeln zurück in dein Leben bringen kann.

**Wir erschaffen dein persönliches Glücksglas:**

Nimm ein größeres Glas, entweder ein leeres Gurkenglas oder auch ein Süßigkeitenglas, welches eine gewisse Größe mitbringt. Lege einige Zettel und Stifte bereit und dann kann es auch schon losgehen. Jeder Zettel steht für eine Situation, die dich glücklich gemacht hat. Du nimmst also den ersten Zettel und schreibst eine Situation auf, die dich in deinem Leben mit Glück erfüllt hat. Das wird sehr unterschiedlich sein und für jeden Menschen bedeutet Glück etwas ganz Unterschiedliches. Also fang einfach an. Hier einige Beispiele, die sich in meinem Glücksglas befinden:

- Ich war mit Glück erfüllt, als ich zum ersten Mal in die Augen meines gerade geborenen Kindes blicken durfte.
- Ein Tag mit meiner Freundin, der mich so oft zum Lachen gebracht hat, dass ich heute noch grinsen muss, wenn ich an diesen Tag zurückdenke.

- Das tiefe Glücksgefühl, als ich mich zum ersten Mal verliebt habe.
- Die Freude, als ich meinen Abschluss zum Wirtschafsfachwirt geschafft habe.
- Doch auch die bestandene Führerscheinprüfung ist heute noch ein Highlight.
- Die ersten Schritte meines Sohnes.
- Gesund aus einer Vollnarkose zu erwachen.
- Eine Nahtoterfahrung überlebt zu haben.
- Zum ersten Mal meinen Traum gedeutet zu haben.
- Erkannt zu haben, dass ich mich in einer Wiederholungsschleife befand und den Ausweg gefunden zu haben.

Na, hast du nun ein Gefühl dafür bekomme, welche Gedanken und Gefühle nun in dein Glas gehören? Ich bin mir ganz sicher, dass du schon viele deiner Zettel vollgeschrieben hast und es kommt noch besser, denn ab heute kannst du deine glücklichen Momente immer auf einen Zettel schreiben und wirst somit so viel Glück bei dir haben, dass du immer über einen traurigen Punkt hinwegkommen kannst.

So, nun liegen also viele Zettel vor dir, die alle glückliche Momente deines Lebens enthalten und nun werden diese Zettel alle einzeln gefaltet und in dein neues Glücksglas gelegt. Nun bist du gewappnet für schlechte und schwierige Tage. Sobald so ein Tag vor dir liegt, an dem du das Gefühl hast, dass Freude und ein Lächeln dir gerade schwerfallen, dann greifst du in dieses Glas und zieht dir einen Zettel hinaus. Setze dich dann ruhig hin, lies deine eigenen Worte, erinnere dich an diese Situation, durchlebe diese Erinnerung erneut und du wirst sehen, wie Gelassenheit und auch Glück in dir wiederkehren.

Wichtig dabei ist allerdings, dass du dein Glücksglas nun nicht als ständiges Ausweichmanöver verwendest, denn ich habe dir ja schon einmal gesagt, dass jedes Gefühl in dir auch einen gewissen Raum benötigt. Gefühle wollen nicht verdrängt, sondern gelebt werden. Auf lange Sicht gesehen wirst du nie weiterkommen, wenn du ein bestimmtes Gefühl, zum Beispiel die Trauer, immer einfach wegdrückst, nein, du musst dich deinem Gefühl stellen, ansonsten wird es sehr viel mehr Platz in deinem Leben einnehmen, als es dir lieb ist.

- Wenn du traurig bist, dann weine.
- Wenn du wütend bist, dann suche die passenden Worte und sprich diese aus.
- Du möchtest weglaufen? Dann ziehe dich eine Zeit lang zurück, bis du wieder bei dir selber angekommen bist.
- Probleme mit anderen Menschen verschwinden auch nicht von alleine, nimm deinen Mut zusammen und such das Gespräch.

- Du bist mit dir unzufrieden? Dann versuche herauszufinden, warum das so ist und führe eine Veränderung herbei.

**Wie du merkst, dass du weit gekommen bist und schon sehr viel erreicht hast**

Zum Abschluss und für deine Ungeduld möchte ich dir noch erklären bzw. aufzeigen, wie du erkennen kannst, dass sich schon etwas in deinem Leben bewegt hat. Welche Veränderungen sich bei dir zeigen, hängt natürlich in erster Linie davon ab, an welchem Problem du vordergründig gearbeitet hast bzw. was du zuerst angegangen bist. Daher kann ich an dieser Stelle nur meine eigenen Erlebnisse und Gefühle mit dir teilen:

Bei mir war als erstes das Gefühl, dass ich mich selber wahrnehmen kann, ganz stark ausgeprägt, was für mich der Hinweis war, auf jeden Fall weiter an mir zu arbeiten. Bald kamen dann neue Hobbys und kreative Ideen in mein Leben. Mein Kopf war sehr viel leerer und freier, was dazu führte, dass ich mehr erreichte in meinem Leben. Ich hörte nicht mehr auf andere Menschen, sondern fragte zuerst, was ich selber möchte und entschied dann erst, welchen Weg ich nehmen wollte. Die Meinung anderer Menschen wurde zunehmend unwichtiger, weil ich wusste, dass ich die Hauptperson in meinem Leben war. Angst und Traurigkeit konnte ich besser und selbständig regulieren. Mein Essverhalten wurde normaler und ich hatte Spaß daran, auch einmal alleine die Welt zu erkunden.

Freundschaften und Gefühle wurden tiefer, ich konnte einfach mehr empfinden. Die Freude am Leben war gewachsen und ich hatte wie nie zuvor das Gefühl, das Leben sei toll.

Ich wünsche dir die gleichen Erfolge und jede Menge Kraft, dich selber jeden Tag aufs Neue zu reflektieren. Du bist der Macher deiner eigenen kleinen Welt, was du denken kannst, das kannst du auch leben und wer sich selber liebt, der wird auch von anderen Menschen geliebt. Gehe nun und trage ein Lächeln in diese Welt und mache damit die Welt jeden Tag etwas schöner.

# Haftungsausschluss

Dieses Buch enthält Meinungen und Ideen des Autors / der Autorin und hat die Absicht, Menschen hilfreiches und informatives Wissen zu vermitteln. Die enthaltenen Strategien passen möglicherweise nicht zu jedem Leser, und es gibt keine Garantie dafür, dass sie auch wirklich bei jedem funktionieren. Die Benutzung dieses Buchs und die Umsetzung der darin enthaltenden Informationen erfolgt ausdrücklich auf eigenes Risiko. Haftungsansprüche gegen den Autor für Schäden materieller oder ideeller Art, die durch die Nutzung oder Nichtnutzung der Informationen bzw. durch die Nutzung fehlerhafter und/oder unvollständiger Informationen verursacht wurden, sind ausdrücklich ausgeschlossen. Das Werk, inklusive aller Inhalte, gewährt keine Garantie oder Gewähr für Aktualität, Korrektheit, Vollständigkeit und Qualität der bereitgestellten Informationen. Druckfehler und Fehlinformationen können nicht vollständig ausgeschlossen werden.

Impressum: ZP Digital, Cavo Greco Avenue | Protaras 5296 | Cyprus, malta.publishing@gmail.co

Printed in Poland
by Amazon Fulfillment
Poland Sp. z o.o., Wrocław

86125889R00066